# EMPREENDEDORISMO CORPORATIVO
## COMO SER UM EMPREENDEDOR, INOVAR E SE DIFERENCIAR NA SUA EMPRESA

O GEN | Grupo Editorial Nacional – maior plataforma editorial brasileira no segmento científico, técnico e profissional – publica conteúdos nas áreas de ciências sociais aplicadas, exatas, humanas, jurídicas e da saúde, além de prover serviços direcionados à educação continuada e à preparação para concursos.

As editoras que integram o GEN, das mais respeitadas no mercado editorial, construíram catálogos inigualáveis, com obras decisivas para a formação acadêmica e o aperfeiçoamento de várias gerações de profissionais e estudantes, tendo se tornado sinônimo de qualidade e seriedade.

A missão do GEN e dos núcleos de conteúdo que o compõem é prover a melhor informação científica e distribuí-la de maneira flexível e conveniente, a preços justos, gerando benefícios e servindo a autores, docentes, livreiros, funcionários, colaboradores e acionistas.

Nosso comportamento ético incondicional e nossa responsabilidade social e ambiental são reforçados pela natureza educacional de nossa atividade e dão sustentabilidade ao crescimento contínuo e à rentabilidade do grupo.

# JOSÉ DORNELAS

# EMPREENDEDORISMO CORPORATIVO

## COMO SER UM EMPREENDEDOR, INOVAR E SE DIFERENCIAR NA SUA EMPRESA

5ª edição

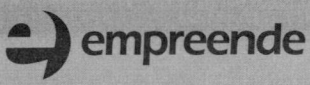

- O autor deste livro e a editora empenharam seus melhores esforços para assegurar que as informações e os procedimentos apresentados no texto estejam em acordo com os padrões aceitos à época da publicação, *e todos os dados foram atualizados pelo autor até a data de fechamento do livro.* Entretanto, tendo em conta a evolução das ciências, as atualizações legislativas, as mudanças regulamentares governamentais e o constante fluxo de novas informações sobre os temas que constam do livro, recomendamos enfaticamente que os leitores consultem sempre outras fontes fidedignas, de modo a se certificarem de que as informações contidas no texto estão corretas e de que não houve alterações nas recomendações ou na legislação regulamentadora.

- Data do fechamento do livro: 28/10/2022

- O autor e a editora se empenharam para citar adequadamente e dar o devido crédito a todos os detentores de direitos autorais de qualquer material utilizado neste livro, dispondo-se a possíveis acertos posteriores caso, inadvertida e involuntariamente, a identificação de algum deles tenha sido omitida.

- **Atendimento ao cliente:** (11) 5080-0751 | faleconosco@grupogen.com.br

- Direitos exclusivos para a língua portuguesa
  Copyright © 2023 by
  **Editora Atlas Ltda.**
  *Uma editora integrante do GEN | Grupo Editorial Nacional*
  Travessa do Ouvidor, 11
  Rio de Janeiro – RJ – 20040-040
  www.grupogen.com.br

- Reservados todos os direitos. É proibida a duplicação ou reprodução deste volume, no todo ou em parte, em quaisquer formas ou por quaisquer meios (eletrônico, mecânico, gravação, fotocópia, distribuição pela Internet ou outros), sem permissão, por escrito, da Editora Atlas Ltda.

- Capa: Manu | OFÁ Design

- Editoração Eletrônica: Carla Lemos

- A 4ª edição foi publicada pela Editora Empreende.

- Ficha catalográfica

- CIP – BRASIL. CATALOGAÇÃO NA PUBLICAÇÃO
  SINDICATO NACIONAL DOS EDITORES DE LIVROS, RJ

D757e
5. ed.

    Dornelas, José
    Empreendedorismo coorporativo : como ser um empreendedor, inovar e se diferenciar na sua empresa / José Dornelas. - 5. ed. - Barueri [SP] : Atlas, 2023.

    Apêndice
    Inclui índice
    ISBN 978-65-5977-369-5

    1. Empreendedorismo. 2. Desenvolvimento organizacional. 3. Planejamento estratégico. 4. Inovação. I. Título.

22-80210                    CDD: 658.421
                                CDU: 005.342

·Gabriela Faray Ferreira Lopes - Bibliotecária - CRB-7/6643

*Aos que têm iniciativa, são atentos às oportunidades, aceitam desafios, administram a mudança e criam as organizações de amanhã.*

# Objetivo do livro

A quinta edição do livro *Empreendedorismo Corporativo* será estruturada de forma a abordar três aspectos fundamentais: a inovação, como buscar e implementar oportunidades e como as pessoas podem enfatizar e adquirir novas habilidades empreendedoras em organizações estabelecidas. O livro procura dar um enfoque prático para as questões, visando à objetividade e como executar os conceitos nas organizações. Sugere ainda formas estruturadas ou passos para os empreendedores corporativos usarem as ferramentas propostas. Porém, não deixa de ter uma preocupação conceitual com os termos abordados, sendo de especial interesse aos estudiosos do assunto. Inicialmente, é feita uma análise da situação atual no mundo dos negócios, o que tem ocorrido, as transformações recentes que têm levado as empresas a buscar novas formas de competição, o efeito da globalização dos mercados e a relação do empreendedorismo com o desenvolvimento econômico. Discute-se, ainda, as questões da liderança e do comportamento empreendedor como necessárias e complementares para o sucesso das organizações. Além disso, grande enfoque é dado: à inovação, como ela ocorre, o que envolve a inovação nas organizações, quais os tipos de inovação uma organização pode buscar. E, ainda, como selecionar ou decidir quais projetos de inovação são os mais adequados para cada tipo de organização. Procuram-se respostas para questões como: "O que é melhor: inovação incremental ou radical?" e "Como se adequa a inovação à organização atual?". Discute-se também o papel do empreendedor corporativo, o que é ser um empreendedor corporativo, como ele se comporta, as características comuns aos empreendedores corporativos e as diferenças e as semelhanças entre o empreendedor corporativo, o administrador e o empreendedor do próprio negócio. O futuro das corporações depende cada vez mais de como o tema empreendedorismo é tratado estrategicamente. Por isso, esta obra atende aos anseios de acadêmicos, de empreendedores de negócios estabelecidos e de executivos em busca da excelência e de resultados duradouros para a empresa.

# Agradecimentos

O projeto deste livro começou a tomar forma quando de minha primeira estada no Babson College como *visiting scholar*. Lá, pude aprimorar meus conhecimentos a respeito do assunto e notar que, apesar de não ser algo recente, a ênfase no empreendedorismo corporativo era cada vez maior nos meios acadêmico e empresarial nos Estados Unidos. Participei de várias conversas, reuniões e debates sobre o assunto, que foram valiosos e serviram de base para a maioria do conteúdo aqui apresentado, o qual foi revisado e atualizado para esta quinta edição. Sinto-me no dever de agradecer algumas pessoas, professores e executivos, que contribuíram com sugestões ou mesmo por apresentarem sua visão sobre o tema: Tom McDermott, Ed Cale, Jose Soza, William Bygrave, Julian Lange, Joel Shulman, Stephen Flavin, Scott Tiffin, John Newman, Jeff Ellis, Edward Marram, Andrew Zacharakis, Joe Hadzima (MIT), Stephen Spinelli, John Bourne, Carlos Rufin, David Wylie, Ana Petermann e Marc Fogassa. Não posso me esquecer, ainda, de três assistentes que sempre foram prestativas na busca e obtenção de informações, artigos e livros: Marcia Cole, Georgia Papavasiliou e Rosângela Santos.

No Brasil, muitas outras pessoas foram prestativas e entusiastas da ideia deste livro sobre o empreendedorismo nas organizações já estabelecidas. Agradeço especialmente a Carlos Balote, Carlos Villa (Solvi) e Floriano (Algar). E, ainda, aos que contribuíram para a primeira e a segunda edição: Marcos Spinardi, Luciana Hochheimer, Letícia Teixeira e Maria Vicentini (Nestlé), Paulo de Castro (Gold Nutrition), Elso Raimondi e Julio Cardozo.

Finalmente, não poderia deixar de agradecer àqueles que sempre me apoiam nas iniciativas empreendedoras e nos novos projetos: aos meus pais, todo meu carinho, amor e admiração.

# Sumário

1. **Introdução**.................................................................................. 1
2. **Empreendedorismo e desenvolvimento econômico**................... 4
3. **Necessidade do comportamento empreendedor nas organizações**.............................................................................................. 9
4. **Inovação: um imperativo organizacional**................................... 16
   Tipos de inovação........................................................................ 22
   Adequando as possibilidades de inovação à organização........... 25
5. **A prática do empreendedorismo corporativo**............................ 35
   Definindo e entendendo o conceito............................................. 35
   O processo do empreendedorismo corporativo........................... 42
   Diferenças e semelhanças entre o empreendedorismo corporativo e o empreendedorismo de *startup*................................... 52
   Passos para se implementar o empreendedorismo nas organizações....... 53
6. **Quem é o empreendedor corporativo**........................................ 57
   Entendendo o papel dos empreendedores.................................. 57

Diferenças e semelhanças entre o administrador, o empreendedor de *startup* e o empreendedor corporativo ................................................... 60

Diferentes categorias e papéis dos empreendedores ............................. 69

Alguns mitos sobre os empreendedores corporativos ............................ 73

A criatividade a serviço do empreendedor corporativo ........................... 74

Desenvolva seu plano empreendedor pessoal ........................................ 77

Os dez mandamentos do empreendedor corporativo .............................. 78

## 7. Identificando, avaliando e implementando novas oportunidades de negócios ........................................................................... 80

Ideias *versus* oportunidades ...................................................................... 80

Avaliando uma oportunidade ...................................................................... 83

Mercado ...................................................................................................... 85

Análise econômica ..................................................................................... 86

Vantagens competitivas ............................................................................. 86

Equipe gerencial ......................................................................................... 87

Selecionando as melhores oportunidades ................................................ 88

Desenvolvendo um banco de oportunidades ............................................ 90

## 8. O plano de negócios ................................................................. 93

O que é o plano de negócios? .................................................................... 94

Por que você deveria escrever um plano de negócios? ............................ 95

A quem se destina o plano de negócios? .................................................. 96

Estrutura do plano de negócios .................................................................. 97

O tamanho do plano de negócios ............................................................ 103

O plano de negócios como ferramenta de venda .................................... 105

Desenvolvendo o *elevator speech* .......................................................... 107

Exemplo de texto base para o *elevator speech* ..................................... 109

O plano de negócios como ferramenta de gerenciamento ..................... 109

Dicas na elaboração do plano de negócios ............................................. 110

9. **Mantendo um ambiente de suporte ao empreendedorismo corporativo** ............................................................................. 112

   Criando mecanismos para manter a filosofia empreendedora na organização ................................................................................. 113

   Superando barreiras organizacionais ............................................ 116

10. **O futuro da corporação empreendedora** ................................. 119

Apêndices – **Testes de perfil e desenvolvimento de habilidades empreendedoras** ......................................................................... 122

   Teste 1 – Autoavaliação de perfil empreendedor (ambiente, atitudes e *know-how*) ........................................................................ 122

   Teste 2 – Autoavaliação de perfil empreendedor (habilidades gerenciais) ..... 126

   Teste 3 – Autoavaliação das habilidades empreendedoras ....................... 129

   Teste 4 – Quão criativo você é? ................................................. 136

   Teste 5 – Exercício de autopercepção ........................................... 142

   Explicação de cada perfil – os tipos, suas preferências, forças e possíveis fraquezas ............................................................................. 147

   Referências que serviram de base para os testes anteriores .................... 151

**Notas** ............................................................................ 152

**Índice alfabético** ............................................................... 158

Capítulo 1

# Introdução

Este livro apresenta a essência da teoria e a prática do empreendedorismo corporativo. É estruturado de forma a abordar três aspectos fundamentais: a inovação, como buscar e implementar oportunidades e como as pessoas podem enfatizar e adquirir novas habilidades empreendedoras. O livro procura dar um enfoque prático para as questões visando à objetividade e como implementar os conceitos nas organizações. Sugere ainda formas estruturadas ou passos para os empreendedores corporativos usarem as ferramentas aqui propostas. Porém, não deixa de ter uma preocupação conceitual com os termos abordados, sendo de especial interesse aos estudiosos do assunto.

Inicialmente, no Capítulo 2, faz-se uma análise da situação atual no mundo dos negócios, o que tem ocorrido, as transformações recentes que têm levado as empresas a buscarem novas formas de competição, o efeito da globalização dos mercados e a relação do empreendedorismo com o desenvolvimento econômico.

No Capítulo 3, discute-se a questão da liderança e do comportamento empreendedor como sendo necessárias e complementares para o sucesso das organizações.

O Capítulo 4 é destinado à inovação. Como a inovação ocorre, o que envolve a inovação nas organizações, quais os tipos de inovação uma organização pode buscar. E, ainda, como selecionar ou decidir que projetos de inovação são os mais adequados para cada tipo de organização. Procuram-se respostas para questões como "O que é melhor: inovação incremental ou radical?" e "Como se adequa a inovação à organização atual?".

No Capítulo 5, o conceito de empreendedorismo corporativo é apresentado, as várias modalidades de se praticar o empreendedorismo corporativo são discutidas, bem como os prós e os contras, as definições e os objetivos de cada uma. Comparações com o empreendedorismo de *startup* (criação de novos negócios) e, ainda, os passos para se implementar o empreendedorismo corporativo nas organizações também são exemplificados.

O Capítulo 6 é dedicado ao empreendedor corporativo. Discute-se o papel do empreendedor corporativo, o que é ser um empreendedor corporativo, como ele se comporta, as características comuns aos empreendedores corporativos, as diferenças e semelhanças entre o empreendedor corporativo, o administrador e o empreendedor de *startup*. Propõem-se ainda formas de usar e desenvolver seu potencial criativo, bem como a elaboração de um plano empreendedor pessoal.

No Capítulo 7, são apresentadas formas de se identificar, avaliar e selecionar as melhores oportunidades. Propõem-se roteiros e ferramentas efetivas para se diferenciar uma ideia de uma oportunidade, para avaliar o potencial da oportunidade para a organização, as possibilidades de retorno e análises de riscos.

Uma das principais ferramentas do empreendedor é apresentada no Capítulo 8 – o plano de negócios. Conceitos, estruturas e os principais aspectos que envolvem o desenvolvimento de um plano de negócios são discutidos em detalhes. Exemplos de roteiros de planos, as principais seções e como desenvolvê-las são também apresentados. O como fazer, os passos para se obter um bom plano de negócios são propostos de forma simples e objetiva. Dicas práticas e comprovadamente efetivas são ainda deixadas ao leitor para que este desenvolva seu plano de negócios de forma a usá-lo como ferramenta de venda, de convencimento e de gerenciamento.

O Capítulo 9 apresenta os obstáculos comuns ao empreendedorismo corporativo, devido a fatores estruturais e de relacionamento nas organizações, e sugestões de como transpô-los.

No Capítulo 10, palavras finais acerca do futuro da corporação empreendedora são deixadas para reflexão, dando especial atenção ao papel fundamental do empreendedor corporativo para o sucesso de sua organização no futuro.

O leitor não pode deixar de ler e usar os estudos de caso e o material complementar disponíveis no *site* do autor, www.josedornelas.com.br, na seção de *download*. No mesmo *site*, os professores têm acesso gratuito e exclusivo a material complementar para utilização em suas aulas. Nos Apêndices, vários testes de perfil empreendedor, trabalho em equipe e criatividade são disponibilizados para que o leitor avalie seu perfil, defina estratégias pessoais de uso dos seus pontos fortes e melhoria dos pontos fracos, bem como para que conheça melhor a si próprio. Esses testes podem ser usados em treinamentos e para avaliar o ambiente para o empreendedorismo corporativo na organização, sob a perspectiva dos funcionários. É importante que se diga aqui também, como foi dito em outros livros do autor, que na maior parte do livro os termos "empreendedor", "administrador" e "gerente" são sempre citados no gênero masculino. Porém, é sabido que as mulheres têm desempenhado um papel importantíssimo nessa área e não seria exagero dizer que existem tanto ou mais mulheres empreendedoras nas organizações do que homens. O que importa é o indivíduo se comportar como um empreendedor, independentemente de sua origem ou gênero.

Boa leitura, e que os empreendedores corporativos se enxerguem nas palavras aqui deixadas. Aos que não se identificarem, que tentem refletir sobre o que esperam de si e de suas organizações e tomem a iniciativa para definir que rumo tomarão no futuro próximo, quando cada vez mais apenas os mais empreendedores terão mais chances de vencer.

*José Dornelas*

Capítulo 2

# Empreendedorismo e desenvolvimento econômico

Nos últimos anos, muitas empresas têm procurado se renovar com o objetivo de acompanhar o rápido desenvolvimento tecnológico e a globalização dos mercados, bem como uma maior exigência dos consumidores por produtos e serviços de melhor qualidade e tecnologicamente mais avançados. O "velho" modelo econômico era regido por grandes empresas – caracterizadas por seus ativos físicos, número expressivo de funcionários, várias fábricas, imóveis, maquinários etc., prevalecendo o poder dos músculos e o tamanho físico, que criavam barreiras de entrada aos *players* de menor porte, os quais não ousavam competir com o gigante, dono do mercado. Isso vem sendo substituído aos poucos por um "novo" modelo, no qual as empresas mais ágeis, flexíveis e com respostas rápidas às demandas do mercado sobreviverão e prosperarão também de forma rápida. É comum observar a abrangência e a capilaridade de novas empresas que nem existiam há cerca de dez anos e que se tornaram líderes de mercado num curto espaço de tempo, fazendo com que os competidores, muitos dos quais ainda no paradigma do "velho" modelo econômico, tentem de todas as formas buscar a inovação para não perder ainda mais espaço no mercado que dominavam no passado. A era do conhecimento não é mais uma promessa, é um fato com o qual as empresas se deparam, e aquelas que estiverem preparadas para esse novo paradigma terão mais chances de sobreviver.

O principal ativo das empresas atuais são as pessoas. E isso não é um modismo ou apenas um discurso vago. Trata-se de observar o que vem ocorrendo nos mercados mundiais e buscar respostas para tais acontecimentos. Jamais, no passado recente, uma empresa criada na garagem de uma casa poderia rapidamente se tornar uma referência mundial. Isso até acontecia no passado, porém levava dezenas de anos e só alguns poucos conseguiram essa façanha. A era dos negócios baseados no conhecimento tem trazido surpresas para grandes conglomerados, acostumados a agir sempre da mesma forma, tratando os clientes da mesma maneira, achando que o sucesso do passado garantirá o sucesso no presente e, pior ainda, no futuro. Empresas pequenas, notadamente mais ágeis, conseguem se estruturar em pouco tempo, inovar não só nos produtos e serviços que oferecem ao mercado, mas principalmente no seu modelo de negócios – talvez a principal inovação que o mundo dos negócios vem experimentando nas últimas décadas. Intensificar e aperfeiçoar o processo de criação de novos produtos, otimizar seu processo produtivo, integrar os processos organizacionais, ser rápido na resposta aos clientes, antecipar-se aos concorrentes – essas são as características dos novos *players* conquistadores de mercado, que rapidamente assumem sua liderança e sobrepujam os velhos gigantes.

Isso tem se tornado possível devido não só a uma intensificação do desenvolvimento tecnológico e de inovações tecnológicas, mas também ao fato de se promover, cada vez de forma mais eficiente, a transferência de tecnologia dos centros de desenvolvimento de tecnologia para os meios produtivos. O processo gerencial que permeia toda essa atividade também foi sendo aperfeiçoado, encurtando não só o tempo de desenvolvimento dos novos produtos, mas também o tempo total entre a identificação de novas oportunidades no mercado, a busca de recursos para financiar todo o processo de inovação, a concepção dos novos produtos e serviços, sua produção, até a disponibilização deles ao mercado consumidor.

Um aspecto que tem sido crucial em todo esse processo é a possibilidade de se dispor de capital – muitas vezes o capital de risco –, em grande quantidade, sem o qual tais inovações dificilmente chegariam ao mercado. Todos esses fatores somados têm levado a uma mudança de paradigma econômico, diminuindo ou até mesmo extinguindo barreiras de entrada para a maioria dos mercados e possibilitado que os novos entrantes conquistem seu espaço, utilizando seu mais precioso bem: seus recursos humanos, os geradores de conhecimento.

Os consumidores também têm se mostrado mais exigentes, não são mais tão fiéis a marcas notórias como eram no passado e aceitam mais facilmente novos produtos e serviços, desde que atendam às suas necessidades. Novos nichos de mercado têm sido identificados, a especialização no atendimento a esses nichos tem se tornado um diferencial com o qual as empresas contam para poder ganhar dianteira na conquista do cliente. Um relacionamento mais estreito com os consumidores tem sido imperativo. Antecipar-se aos desejos dos consumidores e a tentativa de atendê-los da melhor forma possível têm sido considerada uma prática de excelência. Os mercados consumidores tem crescido, o consumo tem crescido, o número de competidores tem aumentado, as exigências desses mercados têm sido cada vez maiores e as empresas que ainda se encontram organizadas e estruturadas para agirem no velho modelo econômico estão destinadas ao fracasso.

São tantos os requisitos para se manter competitivo no novo paradigma econômico que os velhos gigantes começam a buscar rapidamente soluções para não perderem o passo. A organização precisa ser mais ágil, precisa buscar novas oportunidades de negócio de forma mais efetiva, precisa se reestruturar, rever seus processos, incentivar seus funcionários na busca da inovação, a serem mais criativos, a proporem soluções, não serem reativos, fugir da mesmice de outrora. As organizações estabelecidas começam a entender que precisam ser mais empreendedoras. Para isso, precisam implementar uma filosofia baseada no empreendedorismo através de toda a organização. Seus funcionários precisam pensar e agir como empreendedores. Só assim conseguirão competir em igualdade de condições com aquelas organizações mais ágeis, de rápido crescimento, nas quais o empreendedorismo tem estado presente desde a sua concepção.

O empreendedorismo tem se mostrado um grande aliado do desenvolvimento econômico, pois tem dado suporte à maioria das inovações que têm promovido esse desenvolvimento. As nações desenvolvidas têm dado especial atenção e apoio às iniciativas empreendedoras, por saberem que são a base do crescimento econômico, da geração de emprego e renda. Estudos têm sido desenvolvidos com vistas a evidenciar e descobrir quais são os impactos do empreendedorismo para o desenvolvimento econômico dos países. Um desses estudos, que tem sido feito de forma sistemática em vários países do mundo, é o estudo promovido pelo grupo do Global Entrepreneurship Monitor,[1] liderado pelo Babson College, nos Estados Unidos, e a London Business School, na Inglaterra: trata-se do mapeamento da atividade empreendedora dos países, buscando entender o relacionamento entre empreendedorismo e desenvolvimento econômico, e quanto as atividades empreendedoras de um país estão relacionadas à geração de riqueza desse mesmo país. Os resultados desse estudo têm mostrado que em países desenvolvidos essa relação é mais evidente que em países em desenvolvimento.

No caso do Brasil, ainda um país em desenvolvimento, ou emergente – como se denomina mais recentemente –, o estudo tem trazido resultados muito interessantes no tocante às iniciativas empreendedoras. No entanto, por outro lado, um dos fatores preocupantes no caso brasileiro é o fato de grande parte dos negócios gerados no país não focar a inovação com vistas à criação de negócios diferenciados. Muitos desses são negócios informais, focados no momento presente, sem planejamento, sem visão de futuro, sem a identificação de oportunidades e nichos de mercado, sem o comprometimento com o crescimento e com o desenvolvimento econômico.

Nota-se que, quanto mais empreendedorismo alicerçado em inovação estiver presente em um país, maior será o seu desenvolvimento econômico, o que, por conseguinte, permitirá a esse país a criação de mecanismos que estimulem as iniciativas empreendedoras. Ou seja, trata-se de um processo cíclico que só tem a alimentar ainda mais a busca da inovação.

Ao se observar as empresas genuinamente nacionais, nota-se que, em sua maioria, são empresas familiares, as quais cresceram ao longo dos anos, passando a gestão de geração para geração da família, muitas das quais sem sequer se preocuparem com a inovação. Infelizmente, não são raros os casos de empresas que sobreviveram por décadas e recentemente têm sido banidas do mercado pelo fato de simplesmente terem parado no tempo ou por problemas de gestão, de miopia empreendedora, ou por não conseguirem competir no mercado cada vez mais exigente. Essas empresas deveriam ser a base dos negócios nacionais que geram as inovações brasileiras, promovendo o crescimento econômico brasileiro, via exportação de seus produtos e serviços para o mercado mundial. Ainda é irrisória a participação do país no mercado externo. Porém, por outro lado, é inquestionável a necessidade de se promover uma maior inserção dos produtos e serviços nacionais nesse mercado, buscando saldos na balança comercial, melhorando a competitividade da indústria nacional.

O que precisa ser feito para que o país busque esse objetivo? São vários os fatores que devem ser listados e priorizados nesse sentido, muitos dos quais ligados aos governos locais, regionais e nacional, os quais devem promover ações que permitam as empresas nacionais terem condições de identificar novas oportunidades, buscar a inovação e implementar seus projetos empreendedores. Por outro lado, é tão ou mais importante que as próprias empresas busquem se analisar, identificar o que deve ser mudado na sua maneira de gerir os negócios, rever velhas receitas que não são mais aplicáveis no momento atual, repensar conceitos arraigados de gestão, olhar os funcionários como parceiros na busca de superação dos desafios. Quando novas empresas são criadas atualmente já se preocupando com esses fatores, elas têm mais condições de se manter competitivas e de crescer rapidamente. E as empresas já estabelecidas? Como ficam as grandes empresas? Elas não podem ser empreendedoras? O que devem fazer para implementar uma gestão empreendedora?

As grandes empresas têm uma cultura já estabelecida, as regras internas da organização já são conhecidas pelos seus funcionários, a burocracia e as formas de controle organizacional, a hierarquia e os processos organizacionais já estão estabelecidos. Nesses casos, se faz necessária uma reinvenção na forma de agir perante o mercado. E essa reinvenção passa necessariamente pela implementação de uma cultura empreendedora dentro da organização. Essa cultura empreendedora só ocorrerá se a empresa tiver o empreendedorismo como filosofia de seus negócios, buscando a inovação e a identificação de novas oportunidades. Para isso, é preciso que a empresa promova ações internas, revendo seus processos e, o mais importante, que incentive seus funcionários a pensarem e agirem de forma empreendedora. Esse é o grande desafio das grandes empresas já estabelecidas quanto à busca da inovação. Trata-se de uma mudança de paradigma de gestão dos negócios. O empreendedorismo não é uma nova teoria administrativa que veio para resolver todos os problemas empresariais. Trata-se de uma forma de comportamento, que envolve processos organizacionais que permitem a empresa toda trabalhar em busca de um objetivo comum, que é a identificação de novas oportunidades de negócios por meio da sistematização de ações internas focadas na inovação.

O empreendedorismo visto por essa ótica passa a ser então um fator crítico para o desenvolvimento econômico, pois não está restrito apenas à criação de novos negócios, comumente relacionado a pequenas empresas, mas pode e deve ser empregado pelas organizações existentes como forma de sistematizar seus processos internos para a geração das inovações empresariais. Empreendedorismo e inovação estão intimamente ligados e são ingredientes fundamentais para o desenvolvimento econômico.

Capítulo 3

# Necessidade do comportamento empreendedor nas organizações

Quando se fala em comportamento empreendedor, logo vem à tona o papel dos líderes nas organizações, ou seja, aqueles que comandam equipes, usam seu carisma e poder de persuasão para implementar seus projetos empresariais. Ao se observar a liderança por essa perspectiva, pode-se imaginar que apenas aqueles gerentes e executivos de mais alto posto e hierarquicamente mais bem posicionados é que têm condições de implementar ações de cunho empreendedor. Esse acaba sendo um grande erro que leva as empresas e seus funcionários a agirem de forma reativa, usando abordagens exageradamente *top-down* (ações de cima para baixo), limitando a disseminação de uma cultura empreendedora em todos os níveis organizacionais.

E por que seria interessante essa cultura empreendedora nos vários níveis organizacionais? Qual o propósito de se discutir ou implementar ações nesse sentido? Ora, ao se observar como o processo de inovação ocorre nas grandes corporações, nota-se que é de extrema importância o envolvimento e o bom entendimento entre as várias áreas da empresa, desde a área de pesquisa e desenvolvimento (P&D) – mesmo quando essa não é feita localmente –, a área de marketing e relacionamento com o consumidor, até as áreas de vendas, produção etc. Entretanto, sabe-se o quanto é difícil os novos projetos serem aprovados e aceitos pelas várias áreas organizacionais. Mesmo quando os processos internos estão bem definidos e mapeados, sempre surgem aqueles contrários ao desenvolvimento de projetos fora do escopo de trabalho da área, as intrigas internas e discussões entre o pessoal que analisa as necessidades do consumidor com aqueles que querem vender e os responsáveis pela produção. Os pequenos feudos organizacionais, devidamente suportados pelas estruturas hierarquizadas e burocraticamente institucionalizados, acabam por barrar projetos inovadores que poderiam trazer ganhos reais à empresa.

Isso, muitas vezes, ocorre, entre outros fatores, pelo fato de a liderança não estar difundida em todos os níveis da organização, o que está intimamente ligado com a disseminação da cultura empreendedora na empresa, como será discutido adiante ao se falar das características dos empreendedores corporativos. Aos níveis hierárquicos mais altos geralmente é atribuído o papel de gerente e de líder, que, na verdade, são atributos complementares, e o último pode e deve ser exercido em todos os níveis organizacionais. Ambos, gerenciamento e liderança, são necessários para o sucesso dos negócios da empresa no cada vez mais complexo e imprevisível ambiente competitivo em que essa está inserida. As funções gerenciais dos executivos – lidar com a complexidade dos negócios, planejar e definir orçamentos, organizar e comandar pessoas, controlar e resolver problemas – são extremamente necessárias e continuarão a ser, mas não substituem ou não podem ser confundidas com as funções de liderança – lidar com a mudança, definir direções a seguir, orientar pessoas, motivar e inspirar. A função gerencial é fazer o *status quo* funcionar bem, já a de liderança diz respeito ao convencimento, inspiração e início da mudança.[1]

A liderança pode e deve estar presente em todos os níveis da organização, pois é uma forte característica empreendedora que leva as pessoas a buscarem novas formas de fazer as coisas. Os líderes dos mais altos níveis hierárquicos não sabem de tudo e não conseguem ver tudo o que ocorre na empresa, ou seja, podem estar perdendo oportunidades excelentes pelo simples fato de não saberem o que ocorre em outros níveis. E é praticamente impossível que venham a saber, devido à grande complexidade das grandes empresas e das prioridades definidas para seus executivos, sem falar nas limitações de tempo e de multiplicação de cada um (não se pode querer ver um executivo em todas as partes da organização, fazendo de tudo, perdendo o foco). Por isso é que esses executivos devem estar atentos aos líderes que existem nos vários níveis da organização, pois esses trarão contribuições indispensáveis para as realizações da empresa. Obviamente, nem todas as pessoas têm essa característica de liderança, e nem toda organização está estruturada de forma a encorajá-las a ter.

Uma forma de se perseguir esse objetivo e possibilitar a esses líderes dos vários níveis organizacionais a agirem verdadeiramente como líderes, contribuindo para o sucesso da organização, é incentivar um comportamento empreendedor dos funcionários. A ideia de se atribuir o empreendedorismo apenas à criação de novos negócios é muito limitada. Quando se analisa o empreendedorismo de um ponto de vista mais abrangente, levando em consideração os aspectos-chave relacionados ao tema, percebe-se que é possível trazer esse conceito para dentro das organizações estabelecidas e, ainda, fazer com que essas organizações tenham um diferencial com isso. O comportamento empreendedor está intimamente ligado com uma orientação para a ação, pensando de forma diferente, buscando incessantemente novas oportunidades para o negócio, criando algo novo e entendendo como essas novas oportunidades poderão trazer lucros para a organização. Para que se implementem tais oportunidades identificadas, fazem-se necessários a mobilização e o convencimento de outras pessoas, nas diversas áreas da organização, sendo a liderança um fator-chave para esse propósito.

A liderança então pode assumir pelo menos dois significados distintos.[1] Pode ser atribuída àqueles que possuem uma responsabilidade formal e hierarquicamente definida para estabelecimento de condições que possibilitem o desenvolvimento de um trabalho inovador pelos outros funcionários sob sua direção. Nesse caso, seu mais importante trabalho como um líder empreendedor não será a identificação de novas oportunidades de negócio, e sim a criação de uma estrutura organizacional que permita isso acontecer. O outro tipo de líder é aquele que trabalha diretamente ligado à identificação de novas oportunidades de mercado, de mudança, de melhoria, de ganho para a organização. Esse líder pode ter múltiplas dimensões e estar envolvido no desenvolvimento de novos produtos, processos, serviços, mercados etc.[2] É claro que os líderes de mais alto nível hierárquico também podem estar incluídos nessa última definição.

Algumas pessoas tendem a perseguir mais oportunidades que outras, mesmo tendo um comportamento empreendedor e exercendo sua liderança empreendedora. Porém, isso se tornará muito mais efetivo se a organização estiver adequadamente preparada para incentivar esse comportamento de forma correta, estabelecendo mecanismos que possibilitem aos vários níveis organizacionais exercerem um comportamento mais empreendedor. Alguns desses mecanismos que podem ser estabelecidos pelos líderes de mais alto escalão, com vistas a estimular o surgimento do segundo tipo de líder (que pode estar presente em todos os níveis organizacionais), são listados a seguir, no Quadro 3.1. Esses não são os únicos mecanismos possíveis e existentes, mas são exemplos de ações que podem ser implementadas para a disseminação de um ambiente empreendedor em toda a organização.

Por outro lado, algumas práticas comuns nas organizações que acabam ceifando a identificação e a implementação de novas oportunidades, bem como inovações, são aquelas praticadas pela maioria das empresas, tais como: o isolamento dos gerentes/executivos de mais alto nível hierárquico do restante da corporação, os quais tomam suas decisões sem ouvir adequadamente os outros níveis; horizonte de curto prazo, buscando-se incessantemente resultados imediatos, comprometendo investimentos em projetos com maior teor de risco, porém com possibilidades de gerar inovações; excessivo racionalismo e intolerância a um certo "caos" controlado, necessário para o estímulo da criatividade – a base da inovação; incentivos inapropriados (tem mais valor aquele que segue as regras e evita surpresas do que aquele que eventualmente propõe projetos a princípio fora do escopo "normal" da organização). Essas práticas e muitas outras comuns às organizações podem matar ideias que poderiam trazer grandes frutos às mesmas organizações no futuro.

QUADRO 3.1   Mecanismos organizacionais que os líderes podem usar para estimular um ambiente empreendedor[4]

- A empresa deve ter uma visão empreendedora claramente definida e reforçada constantemente.
- Deve haver um sistema de recompensas e reconhecimento aos funcionários, incluindo participação nos resultados, *stock option* (opções de compra de ações da empresa) etc.
- Incentivar a melhoria de *performance*, assumindo riscos calculados, sem penalidades ou punições por falhas (a menos que sejam repetidas).
- Reduzir os níveis hierárquicos e as segmentações de unidades organizacionais.
- Possuir pequenas unidades organizacionais com equipes multifuncionais.
- Estabelecer papéis variados às pessoas, encorajar/estimular a iniciativa e a experimentação.
- Possibilitar altos níveis de *empowerment*.
- Possibilitar acesso irrestrito à informação.
- Implementar fundos corporativos para investimento nos novos negócios.
- Trazer para dentro da empresa (em todos os níveis) a voz do consumidor.

## Capítulo 3 • Necessidade do comportamento empreendedor nas organizações

Felizmente, existem muitos exemplos de líderes e empresas que implementam ações voltadas a encorajar um ambiente mais empreendedor na organização. Um dos mais celebrados líderes organizacionais de todos os tempos é um exemplo desse tipo: Jack Welch. Entre outras coisas, ele introduziu na GE (General Electric) programas que permitiam aos gerentes perder o medo de implementar as mudanças de forma mais rápida; introduziu ainda programas de *stock option* (opções de compra de ações) em vários níveis organizacionais, permitindo a muitas pessoas buscarem iniciativas para fazerem seus trabalhos de forma mais efetiva; criou programas de *benchmarking* e de melhores práticas para fomentar ideias e oportunidades; usou com frequência o espaço das reuniões gerenciais para discutir ideias e formas de implementá-las, acelerando o processo de inovação; instaurou um rigoroso sistema de avaliação e *feedback*, declarando publicamente que à empresa só interessavam as melhores cabeças; promoveu a "quebra" de paredes para reduzir as barreiras organizacionais, melhorar a comunicação entre e nas áreas etc. Todos esses exemplos eram reunidos por Jack Welch sob o conceito de *speed, simplicity, and self-confidence* (velocidade, simplicidade e autoconfiança), que é uma forma de descrever a iniciativa empreendedora.[3]

Alguns estudos têm demonstrado muita consistência com os exemplos anteriores do caso da GE de Jack Welch. Um desses estudos[4] relata que as inovações do tipo radical foram promovidas e/ou apoiadas por gerentes seniores, agindo como *champions* (defensores da ideia), patrões, provocadores e formatadores da cultura que possibilita a inovação radical; eles promovem um ambiente empreendedor, estabelecem e cultivam redes de relacionamentos internos (*networks*), recrutam para os times/equipes de projetos pessoas multifuncionais, energéticas, comprometidas, autoconfiantes; e, ainda, possibilitam um desenvolvimento de carreira a essas pessoas, bem como recompensas para as inovações propostas.

Outros aspectos que também podem ser adicionados aos já mencionados são a integração organizacional; definições funcionais abrangentes, não limitando as ações das pessoas devido ao escopo de seu cargo/função na empresa; pequenas unidades organizacionais com equipes multifuncionais, incluindo a participação de membros de outras unidades; uma cultura do orgulho de fazer parte da equipe, de estar naquela organização; treinamentos e programas de desenvolvimento de carreira; prêmios e reconhecimento de forma contínua e abundante; altos níveis de *empowerment*.

Uma estratégia que tem se mostrado válida e que tem sido usada por algumas organizações é a tentativa de colocar os projetos inovadores fora dos formalismos e burocracia habituais da organização, permitindo que as equipes envolvidas em tais projetos possam usar a criatividade, esquecer momentaneamente as regras e os procedimentos internos e focar a inovação em si. Esses projetos são apoiados pela alta gestão com recursos, investimento e apoio moral, pois estão buscando meios de renovar ou reinventar os negócios da empresa. No entanto, os líderes de projetos desse tipo são incentivados a "vender" suas ideias internamente na empresa, para que consigam implementá-las, já que a decisão de qual ou quais projetos serão desenvolvidos geralmente ocorre de forma competitiva, analisando-se várias opções.

Uma das formas mais usuais de se identificar oportunidades de negócios é a empresa ouvir seus clientes, ou seja, trazer a voz dos consumidores para dentro da empresa. Com isso, podem-se promover melhorias nos produtos e serviços oferecidos aos clientes ou até mesmo tomar-se a decisão de criação de novos produtos/serviços para determinados nichos de mercado ainda não atendidos ou atendidos de forma precária. Por outro lado, as inovações radicais geralmente criam novos mercados, pois são descontínuas, sem precedentes e têm impactos profundos na relação empresa-mercado consumidor. Muitas vezes, o que se aconselharia, apesar de parecer algo insano, é não ouvir os clientes atuais caso a empresa esteja buscando tal tipo de inovação ou oportunidade no mercado. Geralmente, para tal tipo de inovação, os clientes atuais não são os mais indicados para dizer se adquiririam ou não os produtos/serviços provenientes de tal inovação, principalmente quando se sentirem confortáveis com os produtos/serviços atualmente fornecidos a eles. O que eles estão mais propensos a aceitar são as inovações incrementais, contínuas e mais perceptíveis, com impacto na melhoria de *performance*, qualidade e custos.[5]

Nota-se então que o comportamento empreendedor ou a cultura empreendedora têm uma razão de ser, uma motivação para serem implementados na organização. São o pano de fundo para o fomento da inovação, da busca e identificação de oportunidades, do trabalho criativo, para a organização do trabalho e dos processos empresariais de forma mais integrada, para a eliminação de barreiras internas de comunicação etc. Esse comportamento deve estar presente em todos os níveis organizacionais; caso contrário, dificilmente trará resultados. Para que isso ocorra, faz-se necessária uma série de ações com foco nos processos e, principalmente, nas pessoas, que devem se sentir motivadas para agirem de forma empreendedora, sendo recompensadas por buscar algo novo, muitas vezes assumindo riscos e a possibilidade de fracassar.

Capítulo 4

# Inovação:
# um imperativo organizacional

O conceito de inovação, bem como sua prática, não é novo. Desde que a teoria das organizações foi sendo elaborada e os conceitos administrativos foram sendo desenvolvidos, a inovação sempre esteve presente. A inovação pode estar relacionada à criação de um novo produto, um serviço diferente que passa a ser oferecido a determinado mercado, até mesmo a inovação dos processos, da forma com que a organização é estruturada etc. Mas o que leva as organizações a buscarem de forma incessante a inovação nos dias atuais? Por que a inovação se tornou um imperativo organizacional?

Para responder a essas questões, é interessante entender um pouco melhor o fenômeno da inovação e como ele ocorre, para então se discutir como se tornou algo vital e estratégico para que as empresas tenham condições de se manterem competitivas em seus mercados.

Inovação tem a ver com a mudança, fazer as coisas de forma diferente, de criar algo novo, de transformar o ambiente em que se está inserido. É algo mais abrangente que apenas a comum relação que se faz com a criação de novos produtos ou serviços. É um termo econômico ou social, mais do que técnico.[1] O ato de criar algo novo está bastante relacionado a invenções, ideias geniais, lampejos repentinos que acabam por trazer à luz algo inédito. Quando se analisa a inovação por meio dessa perspectiva apenas, muito pouco se pode fazer em relação à prática da inovação nas organizações, pois, nesse caso, dependeria de fatos isolados, ocasionais, de "sorte" etc. No entanto, quando se analisa o comportamento dos empreendedores em relação à inovação, nota-se algo oposto, como bem disse Peter Drucker:[2]

> A inovação é o instrumento específico dos empreendedores, o meio pelo qual eles exploram a mudança como uma oportunidade para um negócio diferente... Os empreendedores precisam buscar, de forma deliberada, as fontes de inovação, as mudanças e seus sintomas que indicam oportunidades para que uma inovação tenha êxito.

O empreendedor não fica esperando pela inovação, pela descoberta maravilhosa, pela solução ideal. Pelo contrário, os empreendedores buscam a prática da inovação, eles tomam ações proativas com o intuito de obterem inovações de forma sistemática. Isso não lhes garante, entretanto, que as inovações sejam sempre de alto impacto, descontínuas ou radicais. Porém, mesmo inovações incrementais feitas de forma sistemática acabam por trazer vantagens competitivas a seus negócios. Às vezes, por mais descomprometida que seja a inovação, simples em termos conceituais, pode provocar uma verdadeira revolução na forma de se fazer negócios. Isso ocorre geralmente quando um empreendedor visionário propõe e implementa um modelo de negócios diferente, agitando o mercado em que atua, como foram os casos de empresas como McDonald's, Dell, Fedex, Apple, Google, Facebook, Tesla, entre outras.

A diferença do empreendedor para o inventor é que o empreendedor utiliza sua criatividade aliada às suas habilidades gerenciais e conhecimento dos negócios para identificar oportunidades de inovar. O inventor não tem o compromisso de criar algo com fins econômicos, sua motivação é a criação, a descoberta e nada mais. A diferença do empreendedor para o administrador comum é que o empreendedor vai além das tarefas normalmente relacionadas aos administradores, tem uma visão mais abrangente e não se contenta em apenas fazer o que deve ser feito. Ele quer mais e busca fazer mais. Todo empreendedor precisa ser um bom administrador para poder tomar as decisões adequadas no momento certo, para definir prioridades e para gerenciar. Por outro lado, nem todo administrador tem as habilidades e os anseios dos empreendedores, por mais eficaz que seja o administrador em realizar o seu trabalho.

Os empreendedores querem sempre ir além, querem descobrir algo novo, querem mudar, não se contentam com a mesmice. Isso os motiva para a busca e a prática da inovação. Portanto, a busca da inovação sistemática, ou a prática da inovação, é uma atividade comum aos empreendedores, tanto aqueles que começam um novo negócio quanto aqueles que estão trabalhando em organizações já estabelecidas: os empreendedores corporativos.

FIGURA 4.1  Quem é o empreendedor.

Peter Drucker[3] considera a inovação sistemática como sendo o monitoramento de sete fontes para uma oportunidade inovadora. As quatro primeiras fontes encontram-se dentro da instituição, independentemente se essa instituição é uma empresa, uma agência governamental, uma entidade sem fins lucrativos, e do setor em que atua. São o que Drucker chama de sintomas, ou indicadores de mudanças ocorridas ou que podem vir a ocorrer, desde que provocadas com um pequeno esforço.

1. **O inesperado:** o sucesso inesperado, o fracasso inesperado, o evento externo inesperado. Saber lidar com esses "acasos" e saber entender quando podem vir a ser uma oportunidade é a grande questão. Algumas questões que devem ser feitas pela administração da empresa nesse caso são: Qual o significado desse evento para a organização? Para onde a organização seria levada caso o explorasse? O que deve ser feito para converter o evento em oportunidade? Às vezes, o que parece um erro ou um grande fracasso também pode ser fonte de oportunidade e inovação. A invenção do **panetone** é um exemplo típico. Surgiu a partir de uma desatenção do confeiteiro que deixou cair frutas cristalizadas na massa que estava preparando. Depois de assado, o pão tornou-se um novo produto, surgido inesperadamente. Como mostrou potencial de mercado, a oportunidade de capitalizar

sobre a invenção foi logo percebida e até os dias atuais continua sendo um sucesso.

2. **A incongruência (discrepância)** entre a realidade como ela é e a realidade como ela deveria ser ou se presume ser. É outro sintoma de mudança e pode estar ligado a fatores econômicos, às realidades de determinado setor industrial, aos esforços de um setor, aos valores e às expectativas percebidas pelos seus clientes etc. Essas discrepâncias conhecidas internamente na organização podem levar à identificação de novas oportunidades no mercado, com novos serviços e produtos complementares aos seus clientes.

3. **A inovação baseada na necessidade de processo.** A ideia aqui é que a necessidade leva à invenção, à identificação de uma nova oportunidade e, então, à inovação. Trata-se de uma análise de uma disfunção interna da organização, de um processo organizacional, de um módulo complementar necessário para um bom desempenho de um produto, de uma peça que facilitará o processo produtivo etc. Essa disfunção precisa ser corrigida, o processo precisa ser melhorado, aperfeiçoado; e, todos, internamente, sabem disso. No entanto, ninguém age de forma efetiva nesse sentido. Quando alguém surge com a solução inovadora, todos a recebem como óbvia, que logo se torna padrão.

4. **Mudanças na estrutura do setor ou do mercado**, que acabam pegando todos desprevenidos. Um exemplo interessante foi a lei de automação dos pontos de venda dos estabelecimentos comerciais. Todos os estabelecimentos, mesmo os de pequeno porte, ficaram obrigados por força de lei a automatizarem a emissão dos cupons fiscais – o que para muitos mostrou-se um problema, para outros foi uma oportunidade de inovar, oferecendo alternativas de pagamento aos seus clientes, maior controle e diminuição de riscos de cobrança inadequada, precisão e velocidade no atendimento. As maiores oportunidades, entretanto, ocorreram para os fornecedores de equipamentos, *softwares* e serviços de automação comercial.

As outras três fontes de oportunidades inovadoras envolvem a mudança que ocorre fora da empresa ou de seu setor.

1. **Mudanças demográficas (mudanças populacionais).** As mudanças demográficas são bastante estudadas pelas empresas porque ditam o comportamento e as tendências de consumo de seus clientes no curto, médio e longo prazos. A partir dessas mudanças, muitos projetos de

desenvolvimento de novos produtos e serviços são iniciados, tentando oferecer aos clientes algo compatível com seus anseios de consumo. Questões relacionadas a faixa etária, localização geográfica, perfil do consumidor, nível de educação, renda *per capita*, índices de desemprego, hábitos alimentares etc. são cruciais nas análises de oportunidades inovadoras para vários nichos de mercado. Um exemplo que tem se tornado bastante recorrente nos dias atuais são os serviços e os produtos voltados ao público da "terceira idade", que variam desde opções e pacotes turísticos específicos a eventos esportivos e de entretenimento. Isso tem ocorrido devido à tendência crescente de aumento da expectativa de vida das pessoas, mesmo em países em desenvolvimento, como o caso brasileiro, e apesar das conhecidas disparidades de renda, no caso dos aposentados.

2. **Mudanças de percepção, disposição e significado.** Nesse caso, um exemplo típico brasileiro tem sido o aumento contínuo do mercado de academias de ginásticas e acessórios, alimentos naturais, produtos energéticos específicos, do culto à estética etc. Outra mudança de percepção das pessoas tem sido em relação ao significado da qualidade de vida, da busca pela proximidade da natureza, de ambientes distantes dos grandes centros – pelo menos nos finais de semana –, de mais aventura, alimentação balanceada e de baixas calorias, de esportes radicais etc. Hoje em dia, as mulheres estão tão inseridas no mercado de trabalho quanto os homens, gerando oportunidades de inovação relacionadas a produtos e serviços que tragam a praticidade para dentro de casa, surgindo a cada momento novos aplicativos de entrega de quase tudo, de comida a compras de supermercado, principalmente no caso de jovens casais, já que ambos trabalham fora. Esses são alguns exemplos de mercados atrativos em que oportunidades de inovação são identificadas a cada dia.

3. **Um novo conhecimento, científico ou não.** Essa é a inovação que se torna mais conhecida, a mais aclamada e admirada internamente e, principalmente, fora da empresa, pelos clientes e até mesmo competidores. São inovações que determinam o início de uma nova história, de um novo paradigma. Às vezes, são até simples, mas tão bem aceitas e assimiladas, que se tornam unanimidade. Quando baseadas em pesquisas científicas, passam por vários testes e tentativas antes de chegar ao mercado, pois há a necessidade de se transformar o conhecimento em tecnologia acessível e utilizável. Essas inovações baseadas em conhecimento são, em grande parte, inovações tecnoló-

gicas, mais difíceis e, por isso, muitas vezes mais radicais e descontínuas. São únicas e geralmente criam novos mercados. Estima-se que apenas 10 a 15% das inovações são desse tipo, o que pode até ser considerado um número elevado. Alguns exemplos desse tipo de inovação ou descobertas que possibilitaram inovações são apresentados no Quadro 4.1.[4]

QUADRO 4.1   Exemplos de inovações do século XX

| |
|---|
| 1903: Avião motorizado |
| 1915: Teoria geral da relatividade de Einstein |
| 1923: Aparelho televisor |
| 1928: Penicilina |
| 1937: Náilon |
| 1943: Computador |
| 1945: Bomba atômica |
| 1947: Descoberta da estrutura do DNA abre caminho para a engenharia genética |
| 1957: Sputnik, o primeiro satélite |
| 1958: Laser |
| 1961: O homem vai ao espaço |
| 1967: Transplante de coração |
| 1969: O homem chega à Lua; início da Internet, Boeing 747 |
| 1970: Microprocessador |
| 1989: World Wide Web |
| 1993: Clonagem de embriões humanos |
| 1997: Primeiro animal clonado: a ovelha Dolly |
| 2000: Sequenciamento do genoma humano |

Há um propósito explícito em se classificar as sete fontes de inovação na ordem como foram apresentadas, já que são dispostas de forma decrescente no tocante à previsibilidade e confiabilidade. O conceito de risco também pode ser incorporado a essas conclusões de Drucker, já que normalmente há mais riscos quando se tenta implementar algo totalmente novo, como uma invenção científica, do que mudanças rotineiras ou latentes. No caso das inovações tecnológicas, mais do que nunca, a gestão empreendedora é essencial, já que o grau de risco a ser gerenciado é alto e precisa ser muito bem analisado, dando especial atenção a toda dinâmica que envolve o processo empreendedor: a equipe envolvida, a análise da oportunidade e os recursos empregados. Isso será visto em detalhes nos próximos capítulos.

## Tipos de inovação

O ciclo de vida de uma empresa bem-sucedida geralmente segue um padrão de rápido crescimento, um período de menor crescimento ou nivelamento e, subsequentemente, uma desaceleração e queda do crescimento (curva A). Durante o período de menor crescimento, muitas empresas decidem enfatizar o processo de empreendedorismo corporativo com vistas a capitalizar sobre ideias inovadoras que surgem dentro da organização e que façam com que a parte da curva do ciclo de vida em que se dá o crescimento seja prorrogada ou reiniciada (curva B).

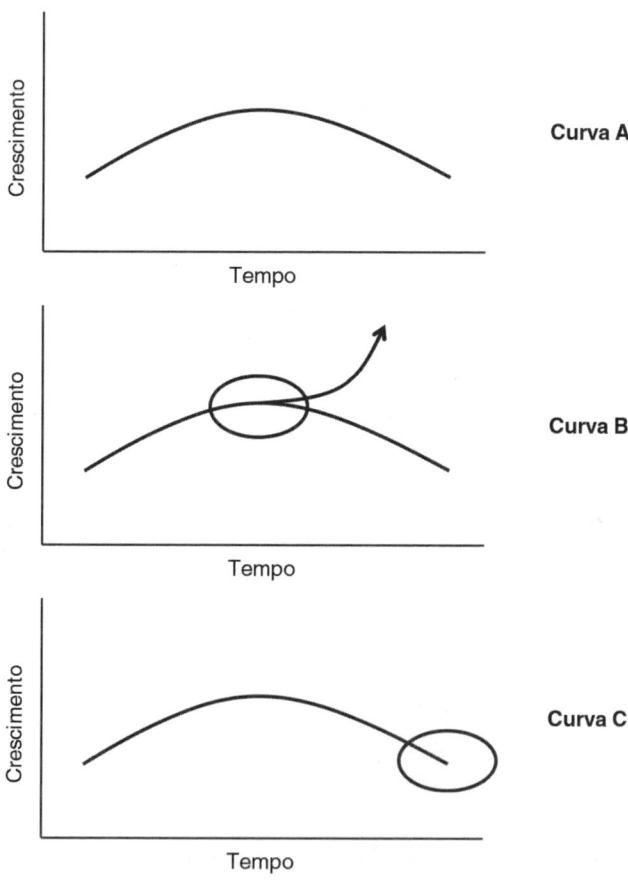

FIGURA 4.2    Ciclo de vida de uma empresa.[5]

Por outro lado, quando a empresa falha ao desenvolver novas tecnologias internamente ou falha ao implementar os processos necessários que levariam ao crescimento, ela pode sofrer uma saída prematura do setor no qual atua (curva C).

Para que as empresas definam qual tipo de oportunidade buscar, ou seja, que grau de inovação devem promover, é interessante que tenham um método que lhes permitam avaliar e balancear as questões relativas aos riscos e retornos e os tipos de inovações correspondentes. Um método possível é o de classificar as oportunidades inovadoras em três categorias, diversificando o portfólio de negócios da empresa. Esse método é adaptado de um modelo de gerenciamento do desenvolvimento de produtos, o qual é usado por gerentes para planejar o *mix* de produtos para os quais eles alocarão os recursos disponíveis para novos desenvolvimentos.

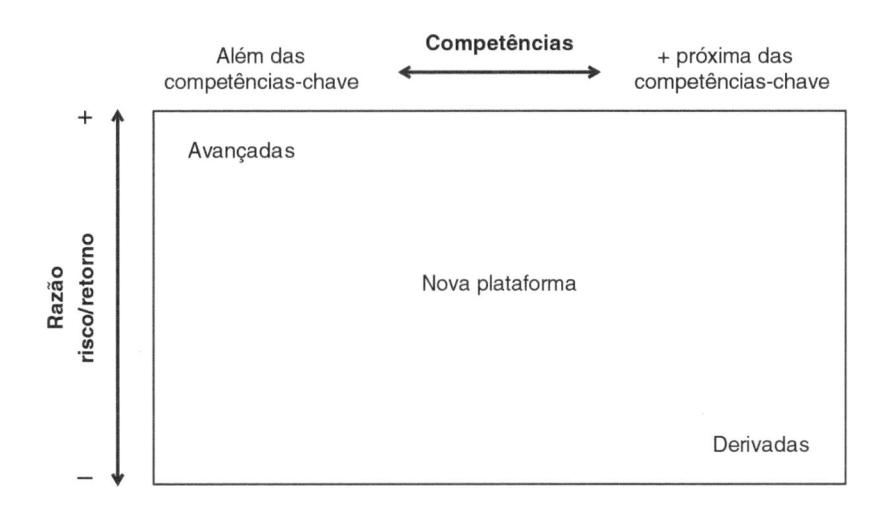

FIGURA 4.3  Abordagem para classificar o portfólio de oportunidades inovadoras.[6]

Assim como os produtos, as ideias e as oportunidades de inovação podem ser classificadas dentro de três categorias:

1. **Ideias derivadas:** aquelas ligadas a uma adaptação ou extensão de produtos e/ou serviços atualmente oferecidos pela empresa, por meio das quais se obterá uma nova versão do produto/serviço com certa redução de custos. Geralmente, essas inovações são caracterizadas por apresentarem pouco risco, mas, por outro lado, pouco retorno, ou seja, não proporcionarão um desempenho esplêndido de vendas e

resultados à organização. Estão ligadas ao conjunto de competências essenciais atuais da empresa e são mais fáceis de se obter e de serem aprovadas internamente pelas gerências de programas de inovação.

2. **Nova plataforma:** essas oportunidades de inovação estão ligadas a uma decisão estratégica da empresa de buscar a entrada em mercados e negócios totalmente novos para a organização. Dessa forma, acabam sendo de alto risco, porém com considerável potencial de retorno. Embora consigam incorporar as competências essenciais da organização atual, geralmente requerem mais mudanças de processos e nos produtos/serviços que serão oferecidos ao novo mercado-alvo.

3. **Avançadas:** as inovações mais avançadas, radicais, descontínuas, estão ligadas a altos riscos e altos retornos potenciais e requerem muito mais esforço, tempo e recursos da organização. Pelo fato de estarem muito além das competências essenciais da organização, essas inovações radicais podem ser "incubadas" inicialmente por programas ou gerências de novos negócios das empresas até que sofram um processo de *spin off* – tornam-se uma entidade separada da empresa-mãe, agindo no mercado de forma mais independente. Essas inovações estão relacionadas a produtos e/ou serviços totalmente novos e, por isso, acabam por criar mercados até então inexistentes. Não são tão previsíveis como as outras duas e são mais difíceis de se obter. Exemplos desse tipo podem ser encontrados na lista de inovações do Quadro 4.1.

Esse é um bom método que pode auxiliar a empresa na tomada de decisão de como investirá seus recursos disponíveis para novos projetos, balanceando seus riscos e retornos potenciais. Ao classificar as várias oportunidades de desenvolvimento dentro das três categorias listadas, a empresa acaba usando uma abordagem similar às empresas de investimento (fundos de capital de risco, por exemplo). A empresa poderia, por exemplo, diversificar seus investimentos de acordo com os riscos e retornos de cada oportunidade analisada. Se estrategicamente a empresa definir que não investirá mais de 20% de seu orçamento para novos negócios/produtos em oportunidades de inovação de alto risco (avançadas), os projetos desse tipo estarão competindo por essa quantidade de recursos e não diretamente com os projetos classificados como Ideias Derivadas e Nova Plataforma, que, por sua vez, também poderiam ter a eles destinados, a título de exemplo, 50 e 30% do orçamento total, respectivamente. Assim, cada projeto em potencial para receber investimento concorreria com projetos de mesma categoria, tornando o processo mais claro e efetivo para a organização.

## Adequando as possibilidades de inovação à organização

Ao se planejar a implementação dos novos projetos, os executivos responsáveis devem estar atentos para uma questão simples: adequar o tamanho e o tipo do projeto com o tamanho da organização. Em outras palavras, projetos que aparentemente não estão relacionados aos mercados atuais em que a organização está atuando, que se encontram em estágio embrionário de desenvolvimento e não demonstram possibilidades de retornos no curto prazo, às vezes são abortados sem se considerar a estratégia de persegui-los e implementá-los em outra velocidade, com outras premissas que aquelas usadas normalmente pela empresa. Esses projetos talvez devessem ser tocados por uma nova empresa, derivada da empresa-mãe, com métodos e processos específicos, bem como valores e métricas distintas de desempenho, equipes exclusivas, *timing to market* diferenciados etc. Os projetos muito inovadores se enquadram nesse grupo, já que geralmente podem correr o risco de serem abortados pelo simples fato de apresentarem altos riscos, mercados ainda não muito claros e prazos de retornos além dos tipicamente buscados pela empresa. Esse é o grande dilema do inovador, como bem descreve Clayton Christensen em seu estudo realizado com várias empresas americanas em diferentes mercados de tecnologia intensiva.[7]

Nesse estudo, é proposto um *framework* para que a organização analise suas competências e, a partir dessa análise, decida como implementar projetos inovadores, se por meio da organização atual, por meio de mudanças na organização atual ou via a criação de novas empresas para tocarem tais projetos de forma independente e focada. Esse último caso é o mais aconselhado quando as empresas estão engajadas em inovações radicais, de alto risco e destinadas a mercados ainda incertos e desconhecidos. Por esse motivo, fica difícil para os executivos da organização atual avalizarem tal tipo de projeto, haja vista não contemplarem os prazos de retornos do investimento normalmente exigidos pela organização. Ao tomarem a decisão entre tocar um projeto de menor risco, de inovação incremental, com retornos mais garantidos, avalizados por pesquisas de mercado primárias junto aos atuais clientes (que são os potenciais clientes do novo projeto), e tocar outro projeto arriscado, que demanda alto investimento, com riscos também muito altos, com horizonte de retorno incerto e no longo prazo, os executivos normalmente optam pela primeira opção, visto que esses mesmos executivos são continuamente avaliados pelo seu desempenho no curto prazo.

A organização precisa tomar decisões estratégicas que não comprometam seu futuro. As inovações incrementais são essenciais para se manter no mercado atual, atender à demanda dos consumidores e clientes atuais, mas não garantem a sobrevivência da empresa no longo prazo. Essa é uma das razões que levam muitas empresas bem-sucedidas, no momento presente, ao fracasso no futuro, mesmo tendo os melhores executivos e utilizando as melhores técnicas de gestão para administrar seus negócios. Por outro lado, fica difícil para essa mesma organização, com valores, processos e recursos definidos, ter vários focos e métricas distintas embaixo do mesmo guarda-chuva. Projetos inovadores devem ser tocados de forma independente da empresa-mãe, incluindo a criação de uma nova empresa exclusiva para esse propósito. Essas são as práticas vencedoras de empresas que entenderam o dilema da inovação e continuam a se manter à frente de seus mercados ou ainda criando novos mercados. Ao fazer isso, essas organizações estão implementando um exemplo extremo de empreendedorismo corporativo: a criação de novos negócios a partir do negócio atual.

Outra estratégia muito comumente utilizada nos dias atuais é a aquisição de novas empresas em rápido crescimento. Com isso, a organização garante a ampliação de seu mercado de atuação e incorpora as inovações desenvolvidas pelas empresas adquiridas. O que normalmente se faz nesses casos é a junção das duas organizações sob uma mesma administração, o que traz redução de custos via otimização de processos e eliminação de atividades que se sobrepõem, e via redução do número de funcionários. O grande problema nesses casos é que a organização pode estar ceifando o grande diferencial da empresa adquirida, o qual fez com que essa empresa se tornasse um alvo para a aquisição: as bases da inovação que tornaram a empresa uma referência em seu mercado de atuação, via produtos e serviços inovadores ou mesmo via um modelo de negócios de sucesso em um mercado específico.

O *framework* proposto por Christensen para que uma empresa avalie qual tipo de inovação ela está apta a desenvolver foca basicamente três classes de fatores, os quais definem as competências organizacionais que devem ser entendidas por seus executivos para que tomem decisões acerca dos projetos a serem implementados. A primeira classe de fatores são os recursos da organização, ou seja, os ativos físicos, tangíveis, que podem ser comprados ou vendidos, contratados ou descartados, depreciados ou aumentados. Os recursos geralmente podem ser transferidos por meio das áreas organizacionais muito mais facilmente que processos e valores organizacionais. Quanto mais recursos uma organização possui, mais chances ela tem de implementar novos projetos estratégicos que mudarão sua maneira de agir no mercado no médio e longo prazos. No entanto, a forma como as organizações administram e empregam seus recursos difere de empresa para empresa devido às suas especificidades e suas competências particulares que transformarão esses recursos em mercadorias e serviços. Por isso, os processos e os valores organizacionais – as duas outras classes de fatores – representam os principais diferenciais das empresas, já que definem a forma como trabalharão os recursos disponíveis.

Os processos organizacionais são os padrões de interação, coordenação, comunicação e tomada de decisão pelos quais as empresas transformam as entradas de recursos – pessoas, equipamentos, tecnologia, projetos de produto, marcas, informação, energia e dinheiro – em produtos e serviços de maior valor.[8] Os processos não se limitam apenas aos de manufatura, indo mais além e envolvendo várias áreas da organização para que sejam desenvolvidos, como ocorre com o processo de planejar, orçar, desenvolver produtos, logística, vendas etc. Os processos são usados pelos executivos e gerentes para que as tarefas sejam executadas da forma como foram planejadas. Porém, nem sempre um processo teoricamente bem elaborado e projetado acaba por trazer eficiência quando de sua implementação. Nesses casos, as disfunções são mais evidentes e os processos acabam sendo conhecidos como formas burocráticas e ineficientes de se fazer as atividades organizacionais. Isso pode acontecer com processos similares dentro da mesma organização, dependendo de como são implementados e gerenciados e de como as regras são seguidas.

Ainda segundo Christensen, os processos que fazem boas empresas se tornarem incapazes de lidar com a mudança são frequentemente aqueles que definem como a análise e a pesquisa dos mercados são realizadas; como essas análises são traduzidas em projeções financeiras; como planejamentos e orçamentos são negociados e como as metas são definidas. Esses são processos geralmente inflexíveis que acabam por representar uma das maiores dificuldades que as organizações têm em lidar com a mudança. E, quando se fala em projetos inovadores, a mudança é parte essencial de todo o projeto, já que transformará a empresa e a forma como ela atua no mercado.

Essa inflexibilidade e forma tradicional, muitas vezes inquestionável internamente, de como identificar e avaliar projetos inovadores pode ser exemplificada quando uma empresa que busca inovações descontínuas, radicais, em mercados ainda incertos ou desconhecidos, faz pesquisa de mercado com os clientes atuais para analisar a receptividade de um produto inovador. Geralmente, esses consumidores atuais estão mais propensos a aceitarem melhorias contínuas nos produtos já consumidos, inovações incrementais que melhorarão a *performance* e a usabilidade do produto. Quando a mesma empresa lhes apresenta uma possibilidade de radicalmente mudar um conceito e migrar para um produto totalmente diferente, é natural que a rejeição inicial seja alta. Isso faz com que pesquisas de mercado para identificar potencial de consumo de produtos inovadores junto aos clientes atuais possam trazer conclusões precipitadas e não condizentes com o verdadeiro potencial de venda do produto no médio e longo prazos. Isso porque inovações radicais criam novos mercados, que inicialmente são pequenos e não muito atrativos para a empresa, já que normalmente ela atua em mercados maiores, mais rentáveis e onde já está posicionada.

Por outro lado, com o passar do tempo, os mesmos consumidores arredios começam a migrar para a inovação que outrora refutaram e, caso a empresa tenha desconsiderado levar adiante aquele projeto de alto risco com foco no longo prazo, ela se vê em uma situação de desespero, em que tentará a todo custo alcançar a empresa líder nesse mercado (que detém a vantagem de ser o *first mover* – o primeiro a entrar no mercado), e quase sempre não conseguirá. Em geral, novas empresas que nem existiam acabam por acreditar na inovação e no mercado ainda incipiente, aceitando retornos quase inexistentes, com a esperança de ver o mercado crescer rapidamente no médio prazo, o que, em muitos casos de inovações radicais e avançadas, é o que ocorre. Novamente, vale ressaltar que esse é o grande dilema enfrentado por empresas quando têm de tomar a decisão de como e em que grau devem implementar seus projetos de inovação.

A terceira classe de fatores são os valores organizacionais, ou seja, os critérios pelos quais a empresa define o que pode ou não pode ser feito dentro de uma análise de prioridades. Isso é feito em todos os níveis da organização e, quanto maior a empresa, maior é a importância de que os valores organizacionais sejam sempre levados em consideração na tomada de decisões para que seja garantido um direcionamento estratégico consistente e de acordo com o modelo de negócios da empresa. Essas regras ou critérios devem ser claros e entendidos por toda a empresa, bem como devem levar em consideração a estrutura organizacional, seus custos e as restrições internas da organização. Um exemplo é quando a empresa define que, devido à sua estrutura de custos e à forma como está organizada, só entrará em mercados ou aprovará projetos que possibilitem margens acima de 50%; que os retornos de investimentos não podem ser superiores a cinco anos; que o máximo orçamento por projeto não exceda 20% do orçamento global destinado a essa finalidade; que representem um mercado acima de R$ X milhões, atrativo para a empresa, se comparado com o seu valor atual de mercado etc. Essas restrições direcionam a forma de agir da empresa e fazem com que se busque determinado foco de atuação, diferenciando-se da concorrência e rejeitando, por exemplo, projetos inovadores fora desse escopo, ou seja, fora de seu foco.

Esse é outro motivo evidente que acaba levando projetos inovadores a serem descartados pelo fato de não estarem de acordo com os valores organizacionais. Os executivos, ao tomarem tal decisão, não estão agindo de forma errada, pelo contrário, estão seguindo à risca as crenças e os valores da organização, o que tem trazido o sucesso e os resultados atuais que a empresa tem conseguido. Porém, estrategicamente, a organização pode estar perdendo grandes oportunidades de atuar em outros mercados de forma diferenciada. Uma forma adequada de se resolver esse problema e que empresas focadas em inovação têm procurado seguir é a criação de grupos de inovação específicos, que seguem outras regras ou não têm regras, que são remunerados de forma diferente e que praticamente são independentes da empresa-mãe, não seguindo necessariamente as premissas e valores arraigados e corretamente difundidos na organização. Esse grupo pode, em um segundo momento, identificar oportunidades inovadoras em mercados nascentes, ainda não maduros, e propor a criação de novos negócios para capitalizar sobre essas oportunidades. Esses novos negócios passam a ser criados de forma independente, com valores e premissas próprias, com um modelo de negócios particular, porém ligados à empresa-mãe.

Então, quando os executivos se deparam com a situação de tomar uma decisão de como perseguir determinada oportunidade de inovação, levando em consideração as premissas de valores, processos e recursos da organização, bem como a natureza da oportunidade e da inovação, eles têm basicamente três opções por meio das quais novas competências poderão ser adquiridas, desenvolvidas ou criadas:

1. Adquirir uma diferente empresa que possua processos e valores os quais possam casar/estar adequados com a oportunidade ou atividades a serem desenvolvidas.
2. Tentar mudar os processos e os valores da empresa atual.
3. Criar uma empresa separada e independente da empresa atual e desenvolver novos processos e valores, os quais são necessários para capitalizar sobre uma oportunidade identificada ou resolver um novo problema.

A aquisição de empresas tem sido uma estratégia muito usada pelas grandes organizações com vistas a ganhar mais mercado de forma rápida, sem ter de desenvolver certas competências, as quais são necessárias para o sucesso nesses novos mercados. Do ponto de vista de otimização de custos e processos, a integração da empresa adquirida à empresa-mãe acaba se tornando algo padrão, que as empresas buscam implementar. Porém, em certos casos nos quais a empresa adquirida já possui certos valores e processos que têm se mostrado adequados ao tipo de negócio e aos mercados em que atua, a integração à empresa-mãe, seguindo seus princípios, valores e forma de agir, pode comprometer o desempenho da empresa adquirida no mercado em que, outrora, seu posicionamento mostrava-se adequado e vencedor.

Novamente, aqui o dilema é a simples tentativa de apenas integrar os processos, concentrar recursos e ter valores padrões a serem seguidos por toda a organização. Isso pode ser efetivo do ponto de vista de investimento, utilização de recursos e otimização de custos, caso esse seja o principal objetivo da aquisição. Por outro lado, nem sempre é o mais adequado do ponto de vista estratégico e de posicionamento no mercado, caso a empresa-mãe esteja focando a aquisição de novas competências ou competências que ainda não possui. Pelo contrário, a simples integração da empresa adquirida à empresa-mãe pode destruir justamente as competências e os valores que a empresa adquirida possuía e que talvez tenham sido o motivo da aquisição. Muitas vezes, é preferível que a empresa-mãe adquira determinada empresa e mantenha a mesma atuando no mercado de forma mais autônoma, com valores, processos e gerenciamento de recursos, bem como equipes próprias, até o momento em que o mercado da empresa adquirida se mostre atrativo o suficiente para que a empresa-mãe incorpore de vez a empresa adquirida. Exemplos de empresas que têm atuado dessa forma são inúmeros, tais como IBM, Johnson & Johnson, Nestlé, Microsoft, Xerox, Intel, Google etc.

A criação de novas competências internamente é uma alternativa, porém não é tão simples, e os resultados não acontecem tão rapidamente como se deseja. Isso porque a mudança da forma como uma empresa atua no mercado, os seus processos, valores e capital intelectual, é algo que demanda tempo, convencimento, comprometimento e, muitas vezes, aceitar assumir riscos que podem inclusive prejudicar o desempenho da organização no momento presente. Essas decisões são tomadas após muitas discussões estratégicas e, quando decididas, não são tão facilmente assimiladas pelas demais áreas e níveis hierárquicos da empresa, geralmente muito céticos e acostumados a fazer o que tem de ser feito sempre da mesma forma e que, em muitos casos, tem trazido resultados. Então, por que mudar?

Essa é a pergunta que as pessoas se fazem internamente, não acreditando que a mudança melhorará o desempenho já positivo da organização. Quando se lida com mudanças de nível estratégico, visando a um melhor posicionamento no futuro, o grande problema são as mudanças operacionais, de processos, de pessoas e de tecnologias, que devem ser feitas no momento presente para que a empresa esteja preparada para o desenvolvimento das tarefas que serão requeridas para as inovações que se pretende comercializar no mercado no momento futuro. Um mesmo processo organizacional não é flexível o suficiente para o desenvolvimento das tarefas do presente, com paradigmas tecnológicos e de inovação atuais, e para as tarefas do futuro, quando serão considerados outros paradigmas.

Em muitos casos, o melhor a se fazer é a contratação de pessoas novas às quais serão atribuídas novas tarefas e metas de desenvolvimento dos novos processos e tecnologias, já que essas novas pessoas não têm o histórico e as restrições, com base nos valores atuais da organização, que as levariam aos constantes questionamentos sobre o porquê da mudança. Por outro lado, a integração desses novos grupos de pessoas às equipes atuais não é algo simples de ser feito, podendo haver competições internas e até mesmo sabotagens que prejudicarão o desempenho da empresa tanto no presente quanto no futuro. Então, por mais simples que pareça ser uma decisão de nível estratégico destinando recursos para projetos de mudança, as grandes barreiras a serem transpostas são a mudança dos processos atuais, muitas vezes eficientes para o momento presente; e a mudança da cabeça das pessoas que trabalham na organização, que devem "esquecer" os valores históricos da empresa e olhar para a frente, assimilando novos valores e formas de trabalho – algo que não se consegue no curto prazo.

Já a criação de competências pela constituição de uma nova empresa oriunda da empresa-mãe – conhecida como *spin-off* – é a terceira opção de se adquirir novas competências, sendo um exemplo clássico de empreendedorismo corporativo. Aqui é o caso novamente quando grandes organizações não se veem capazes de focar no desenvolvimento de inovações para atenderem a mercados não maduros e ainda pequenos para o porte da empresa, contrariando seus valores, suas margens e seu foco. Fica difícil para a grande organização despender recursos e pessoas internamente para desenvolverem projetos destinados a mercados não tão lucrativos como os mercados atuais da organização. Nesses casos, o melhor a fazer é a criação de uma nova empresa para que esta desenvolva os processos necessários para atuar nesse mercado ainda incipiente. Essa empresa criada pode inclusive ser vendida para outros grupos empresariais em um segundo momento, caso a empresa-mãe não veja mais como estratégico para a organização atuar no mercado específico da *spin-off* ou por outros motivos, como a necessidade de se fazer caixa para investir no negócio principal.

A Figura 4.4 sintetiza o *framework* de Christensen, proporcionando ao executivo uma forma simples e prática para entender as várias possibilidades que a empresa tem para buscar a inovação, mostrando quando será necessário desenvolver o processo atual, criar novos processos ou um novo negócio e, ainda, contratar novas pessoas, trabalhar com a equipe atual ou algo intermediário. Os eixos da esquerda e da base da figura indicam o que os executivos precisam responder sobre a situação atual da empresa. O eixo da direita indica a resposta apropriada à situação predominante no eixo da esquerda. O eixo superior representa a resposta apropriada à situação predominante no eixo da base. Assim, se a inovação a ser implantada ou perseguida corresponder a algo incremental e os valores atuais da empresa permitirem que a estrutura atual seja utilizada para esse fim, existe um forte casamento entre os valores atuais da empresa e a inovação que se está buscando. Já a equipe responsável pelo projeto deve ser definida de acordo com o grau de casamento entre os processos atuais da organização e os processos necessários para a busca da inovação.

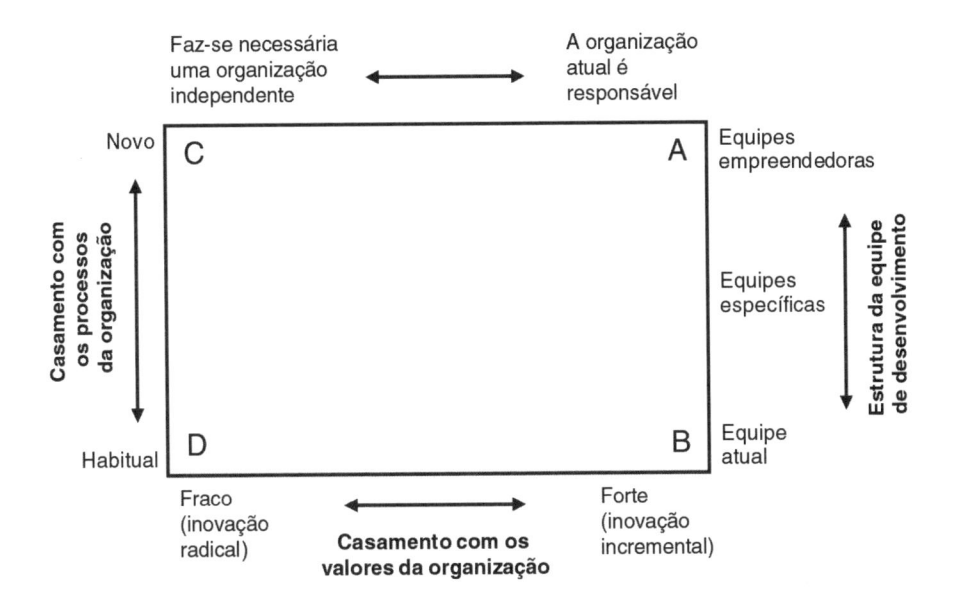

**FIGURA 4.4** Adaptação do *framework* de Christensen para adequar a inovação com as competências organizacionais.[9]

Casos os processos atuais possam ser usados, equipes funcionais ou equipes específicas, compostas de grupos de pessoas de várias áreas da empresa, estarão adequadas. Caso haja a necessidade de se repensar os processos, criar algo totalmente novo devido ao grau da inovação e complexidade de se obtê-lo, o mais indicado são as equipes com perfil empreendedor, desenvolvendo atividades além das de coordenação de atividades relativas aos processos necessários, compostas de pessoas de perfil complementar, provenientes de diversas áreas da empresa e recrutadas especificamente para o projeto, com visão estratégica, habilidades, *know-how* e capacidade de gerenciamento do projeto como se fosse um novo negócio.

Os projetos localizados na região A correspondem à situação em que os executivos da organização se deparam com inovações relevantes, porém com base nas premissas tecnológicas atuais da organização, ou seja, sustentáveis, não radicais, casando com seus valores de negócio. A empresa vê como necessária a criação de equipes mais empreendedoras para o desenvolvimento e a aplicação da inovação identificada. Os projetos na região B são aqueles que casam muito bem com os valores e os processos da organização, e as equipes atuais ou equipes específicas são adequadas e provavelmente serão bem-sucedidas.

Projetos na região C são aqueles em que a organização se depara com inovações descontínuas, revolucionárias e radicais, para as quais os processos e valores organizações atuais não são condizentes. Faz-se então necessária a criação de uma empresa independente com uma equipe altamente empreendedora para perseguir esse objetivo. Os projetos na região D são aqueles em que os processos da organização atual estão casados com a inovação, ou seja, mostram-se adequados para o desenvolvimento do novo produto ou serviço, porém, para que a empresa consiga atuar adequadamente nesse mercado, faz-se necessária a criação de um novo negócio, com um modelo de negócios diferente, praticando margens diferentes e visando a mercados diferentes, já que os valores da organização atual não são compatíveis com o projeto a ser desenvolvido.

O grande dilema da inovação, portanto, é manter o curso da organização atual, gerando receita e sendo efetivo em seu mercado e, ao mesmo tempo, conseguir identificar novas oportunidades, novos mercados, e não deixá-las escapar pelo fato de a organização não estar preparada para promover as mudanças necessárias para fazê-lo. Por isso, mais do que nunca, a prática do empreendedorismo corporativo, no qual a inovação assume um papel-chave, tem sido cada vez mais enfatizada por empresas de sucesso que, em um momento ou outro, se depararão com esse dilema. O que é o empreendedorismo corporativo e como implementá-lo nas organizações é o assunto do próximo capítulo.

Capítulo 5

# A prática do empreendedorismo corporativo

## Definindo e entendendo o conceito

Quando se fala em empreendedorismo, é natural que se ligue o tema à criação de novas empresas, que começam pequenas, sem muita estrutura e, aos poucos, vão tomando forma, chegando algumas ao sucesso. O tema empreendedorismo corporativo, empreendedorismo interno ou intraempreendedorismo, no entanto, não trata de algo novo ou de uma versão adaptada do empreendedorismo de *startup* (de criação de novas empresas). Trata-se de ampliar a definição de empreendedorismo e aplicá-la a outras áreas, sem perda conceitual. Ao entender o que significa o tema empreendedorismo, ficará mais claro ao leitor por que é possível cunhar o termo **empreendedorismo corporativo** e como as empresas poderão implementá-lo para promover as mudanças necessárias que levarão as organizações a praticarem a inovação, fator-chave para o sucesso.

Empreendedorismo significa fazer algo novo, diferente, mudar a situação atual e buscar, de forma incessante, novas oportunidades de negócio, tendo como foco a inovação e a criação de valor. As definições para empreendedorismo são várias, mas sua essência se resume em fazer diferente, empregar os recursos disponíveis de forma criativa, assumir riscos calculados, buscar oportunidades e inovar. Para Stevenson,[1] empreendedorismo é o processo de criação de valor, por meio da utilização dos recursos de forma diferente, buscando explorar uma oportunidade. Segundo Morris & Kuratko,[2] a definição de empreendedorismo possui quatro componentes principais:

1. **Processos**, os quais podem ser gerenciados, subdivididos em partes menores e que podem ser aplicados a qualquer contexto organizacional.
2. **Criação de valor**, já que os empreendedores geralmente criam algo novo onde não havia nada antes. Esse valor é criado dentro das empresas e no mercado.
3. **Recursos**, ou seja, os empreendedores utilizam os recursos disponíveis de forma singular, única, criativa. Eles combinam muito bem recursos financeiros, pessoas, procedimentos, tecnologia, materiais, estruturas etc. Esses são os meios pelos quais os empreendedores criam valor e diferenciam seus esforços.
4. **Oportunidade**. Empreendedorismo é dirigido à identificação, avaliação e captura de oportunidades de negócios. É a perseguição de oportunidades sem se preocupar inicialmente com os recursos sob controle (os quais o empreendedor/empresa já possuem), ou seja, sem se colocar restrições iniciais que poderiam impedir o empreendedor de buscar tal oportunidade. Timmons[3] considera os empreendedores exímios identificadores de oportunidades, aqueles que são capazes de criar e construir, do nada, uma visão sem ter uma referência prévia. É um ato comportamental, humano, de criatividade. Eles assumem riscos calculados, tentam entender seu ambiente e controlar o máximo de fatores possíveis para que seu empreendimento dê certo. Para isso, os empreendedores utilizam sua habilidade de persuasão para formar uma equipe de pessoas com conhecimentos complementares, as quais buscarão implementar e gerenciar um novo negócio ou projeto empresarial para capitalizar sobre a oportunidade identificada.

O Quadro 5.1 apresenta sete perspectivas para a natureza do termo empreendedorismo. Assim, fica claro que o termo pode ser aplicado a qualquer organização na qual uma ou mais dessas perspectivas possam se fazer presentes, independentemente se essa organização já existe ou está em fase de criação, bem como de seu porte, forma como está estruturada e mercados em que atua.

Como se vê, empreendedorismo pode estar ligado a diferentes perspectivas, como é o caso do empreendedorismo praticado em organizações já estabelecidas, ou seja, o empreendedorismo corporativo. A ideia de se aplicar os conceitos-chave relacionados ao empreendedorismo (busca de oportunidade, inovação, fazer diferente, criação de valor) a organizações já estabelecidas não é recente. Um dos autores que se destacou na década de 1980 ao cunhar o termo *intrapreneurship* foi Gifford Pinchot, ao publicar seu livro *Intrapreneuring*,[4] em que mostrava como o empreendedorismo poderia ser aplicado e praticado em organizações existentes, destacando o papel do empreendedor dentro dessas organizações e como a inovação poderia ser buscada e desenvolvida aplicando-se os conceitos do empreendedorismo interno para tal objetivo.

QUADRO 5.1  Sete perspectivas para a natureza do empreendedorismo[5]

| | |
|---|---|
| Criação de riqueza | Empreendedorismo envolve assumir riscos calculados associados com as facilidades de produzir algo em troca de lucros. |
| Criação de empresa | Empreendedorismo está ligado à criação de novos negócios, que não existiam anteriormente. |
| Criação da inovação | Empreendedorismo está relacionado à combinação única de recursos que fazem os métodos e produtos atuais ficarem obsoletos. |
| Criação da mudança | Empreendedorismo envolve a criação da mudança, por meio do ajuste, adaptação e modificação da forma de agir das pessoas, abordagens, habilidades, que levarão à identificação de diferentes oportunidades. |
| Criação de emprego | Empreendedorismo não prioriza, mas está ligado à criação de empregos, já que as empresas crescem e precisarão de mais funcionários para desenvolver suas atividades. |
| Criação de valor | Empreendedorismo é o processo de criar valor para os clientes e consumidores por meio de oportunidades ainda não exploradas. |
| Criação de crescimento | Empreendedorismo pode ter um forte e positivo relacionamento com o crescimento das vendas da empresa, trazendo lucros e resultados positivos. |

Nessas últimas décadas, muitos estudiosos se dedicaram ao tema, analisando empresas com foco na inovação para entenderem melhor como o empreendedorismo corporativo ocorria. As definições de empreendedorismo dentro das organizações são muitas e advêm desses estudos e de suas conclusões. O próprio nome "empreendedorismo corporativo" tem variações. No *site* do autor (www.josedornelas.com.br) pode-se fazer o *download* de um documento no qual são apresentadas as principais definições e variações para o tema e seus autores.

Um estudo realizado por Sharma & Chrisman[6] procura agrupar as várias definições, analisar as ambiguidades e os vários termos usados (entre eles:

*corporate entrepreneurship, intrapreneurship, corporate venturing*) para se chegar a uma definição que pudesse ser usada como consenso pelos vários pesquisadores, estudiosos e praticantes do assunto. Aqui o tema será sempre tratado como empreendedorismo corporativo, já que é a definição e a denominação que têm sido utilizadas internacionalmente de forma mais consensual nos últimos anos. Os termos *intrapreneurship* e *corporate venturing* são, na verdade, duas modalidades do empreendedorismo corporativo, como será apresentado adiante.

Assim, o empreendedorismo corporativo pode ser definido como sendo identificação, desenvolvimento, captura e implementação de novas oportunidades de negócio, que:

- requerem mudanças na forma como os recursos são empregados na empresa;
- conduzem para a criação de novas competências empresariais;
- essas competências resultam em novas possibilidades de posicionamento no mercado, buscando um compromisso de longo prazo e criação de valor para os acionistas, funcionários e clientes.

Outra definição complementar é apresentada a seguir.

**Empreendedorismo corporativo** é o processo pelo qual um indivíduo ou um grupo de indivíduos, associados a uma organização existente, criam uma nova organização ou instigam a renovação ou inovação dentro da organização existente.

**Empreendedores corporativos** são os indivíduos ou grupos de indivíduos, agindo independentemente ou como parte do sistema corporativo, que criam as novas organizações ou instigam a renovação ou inovação dentro de uma organização existente.

As definições que envolvem o empreendedorismo corporativo podem ser consideradas novidades ou novas formas de se tomar decisões estratégicas e estruturais na organização. A estratégia é como a organização alinha seus recursos-chave dentro de seu ambiente. Assim, a estratégia inclui as competências-chave da organização, o emprego dos recursos, seus métodos competitivos e o escopo das operações, tanto em uma unidade de negócios quanto no nível corporativo. Já a estrutura é a forma pela qual a organização implementa sua estratégia.

O empreendedorismo corporativo pode ser empregado de várias formas nas organizações, de acordo com sua estratégia de negócios ou até mesmo para promover uma renovação estratégica na empresa. A Figura 5.1 apresenta as várias possibilidades de aplicação do empreendedorismo corporativo na organização, e a Figura 5.2 apresenta os componentes das duas principais formas de empreendedorismo corporativo. O *corporate venturing* está mais relacionado à criação de algo novo, fora da organização, podendo ter sido gerado internamente em um primeiro momento. Nesses casos, o novo projeto ou negócio acaba tendo regras próprias e é mais autônomo, não seguindo as regras preexistentes na corporação em que foi concebido. O *intrapreneurship* engloba as várias possibilidades de se trabalhar os conceitos do empreendedorismo corporativo internamente na organização, focando a inovação – que pode ser derivada/incremental, nova plataforma ou mesmo avançada/radical – e a renovação estratégica da organização, que visa à mudança. No *intrapreneurship*, existem claras diferenças de contexto, e as inovações serão tanto para a corporação quanto para o indivíduo, que deverá saber gerenciar os riscos e buscar os retornos, as recompensas, tendo mais autonomia para implementar os projetos, mesmo tendo que seguir as regras do sistema corporativo. Para que isso ocorra deverá haver um ambiente propício para que os funcionários se comportem de forma diferente, sejam estimulados a propor e implementar inovações.

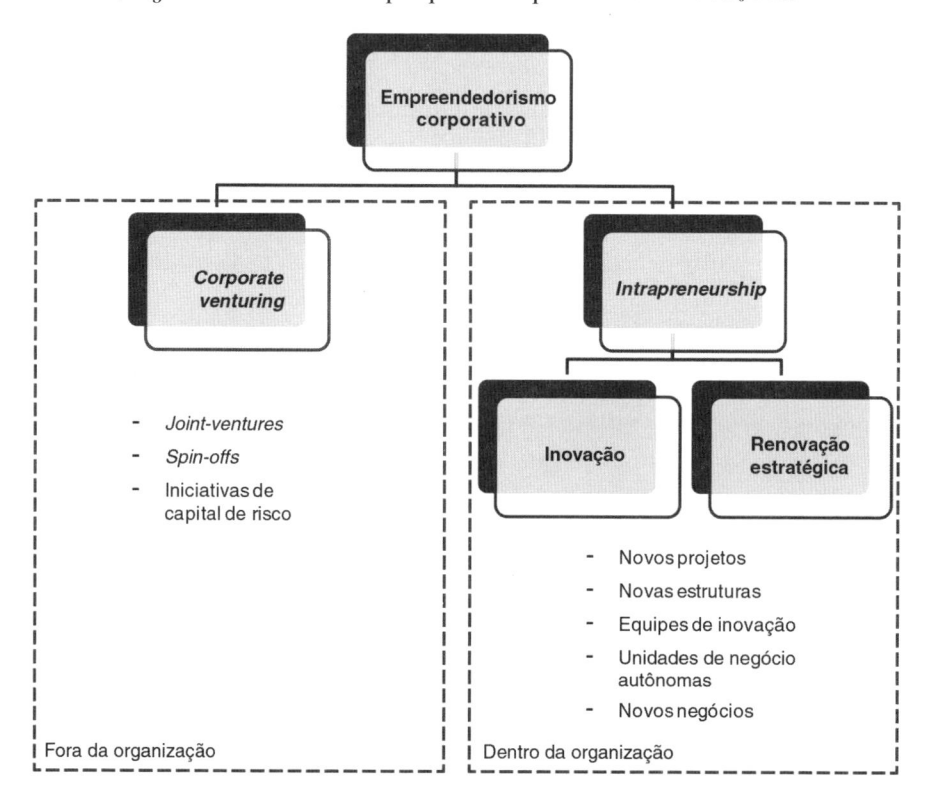

FIGURA 5.1   Modalidades de empreendedorismo corporativo.

**EMPREENDEDORISMO CORPORATIVO**

*Corporate venturing*
- Criação de novo negócio dentro da organização
- Influência das *core competences*
- Aprendizado
- Crescimento e *spin-off*
- Associado com indivíduos empreendedores dentro da
- Prática da inovação

*Intrapreneurship*
- É o empreendedorismo aplicado dentro da organização
- Criação de uma cultura e clima inovadores
- Gerentes agindo como se fossem proprietários
- Rearranjo da cadeia de valores do negócio
- Realocação dos recursos atuais e competências em novas e diferentes maneiras

FIGURA 5.2   Duas variações do empreendedorismo corporativo.

Uma organização pode trabalhar ambas as modalidades de empreendedorismo corporativo, o que é natural. Outra possibilidade ocorre quando a organização foca o *intrapreneurship*, o qual acaba gerando oportunidades de se praticar o *corporate venturing*, ou seja, inovações ou projetos internos da organização podem, em um segundo momento, por razões estratégicas, se tornar novos negócios fora da empresa-mãe, via *spin-offs*, *joint-ventures* com outras organizações ou, ainda, por meio de investimentos internos ou externos de capital de risco para a criação de um novo negócio. Obviamente, o grau de inovação no *corporate venturing* geralmente é muito grande, já que a organização opta por perseguir a oportunidade identificada de maneira autônoma, criando algo totalmente novo, de acordo com o que foi exemplificado na discussão sobre a aplicação do *framework* de Christensen, no Capítulo 4.

A renovação estratégica refere-se aos esforços empreendedores da organização que resultam em significativas mudanças no negócio ou na estrutura corporativa, bem como em sua estratégia. Essas mudanças alteram os relacionamentos internos da organização e da organização com seu ambiente, podendo inclusive envolver algum tipo de inovação. Geralmente, são mudanças internas estruturais, de processos etc. e não são considerados novos negócios pelas organizações, e sim novas formas de se fazer o negócio atual.

Para o Babson College (www.babson.edu) – principal referência mundial sobre o ensino e a pesquisa do empreendedorismo –, o empreendedorismo corporativo está relacionado a um tópico específico: a obsessão pela oportunidade (sua identificação, avaliação e captura/exploração). A definição de empreendedorismo utilizada e praticada em Babson é de que o empreendedorismo é uma forma de pensar e agir, a qual é obsessivamente ligada a oportunidades, holística por natureza, e com uma liderança equilibrada, com o propósito de criação de valor.[7]

Ao se observar as três vertentes para o empreendedorismo corporativo apresentadas na Figura 5.1 – *corporate venturing*, inovação (que está ligada ao desenvolvimento de novos produtos) e renovação estratégica (que está ligada à transformação organizacional, incluindo a transformação de processos) –, pode-se entender o porquê de a definição de Babson relacionar todas essas possibilidades à obsessão pela oportunidade e com o propósito de criação de valor.

1. *Corporate venturing*: está ligado à avaliação e à captura da oportunidade.
2. Inovação e geração de novos produtos: está ligada à formatação da oportunidade, o meio pelo qual a organização buscará o sucesso em seu mercado.
3. Renovação estratégica ou transformação organizacional (incluindo a transformação dos processos internos): habilitarão a organização para ser obcecada por oportunidades.

Assim, o empreendedorismo corporativo é a soma da inovação que a organização pratica e desenvolve, de sua renovação e dos esforços para implementação de novos negócios. A inovação envolve a criação e a introdução de produtos, processos e sistemas organizacionais. A renovação significa a revitalização das operações da organização por meio da mudança do escopo de seu negócio, sua abordagem competitiva ou ambos. Significa ainda o desenvolvimento ou a aquisição de novas competências, que levarão à criação de valor para os clientes, os funcionários e os acionistas. *Venturing* significa que a organização entrará em um novo negócio, por meio da expansão de seu negócio no mercado atual ou em novos mercados. *Corporate venturing* pode então ser classificado como novos negócios corporativos.

No empreendedorismo corporativo sempre haverá uma constante batalha entre forças opostas, e o empreendedor deverá saber como lidar com isso, procurando o equilíbrio entre liberdade e disciplina para atingir os objetivos, sempre tendo o mercado (oportunidades) como base dos processos.

- Riscos x Retornos
- Incertezas x Reconhecimento de oportunidades
- Risco pessoal x Risco corporativo x Retorno

## O processo do empreendedorismo corporativo

Ao se analisar o empreendedorismo corporativo de forma processual, pode-se entender as várias etapas que envolvem a prática do empreendedorismo dentro das organizações. Em termos conceituais, essas etapas não diferem muito do processo do empreendedorismo de *startup*. Porém, na prática, as regras e condições ambientais são bem diferentes. As principais diferenças entre o empreendedorismo corporativo e o de *startup* serão discutidas no próximo tópico. Um fator fundamental no processo do empreendedorismo corporativo, como já foi apresentado, é a oportunidade (sua identificação, avaliação e captura/exploração). Outro fator de extrema importância são os recursos que a organização dispõe e que serão alocados para a exploração da oportunidade identificada. E, finalmente, o mais importante fator: as pessoas, a equipe que colocará tudo isso em prática, ou seja, os empreendedores corporativos.

A Figura 5.3 apresenta esses três fatores essenciais para a existência do processo empreendedor, agrupados como proposto por Timmons.[8] O planejamento, por meio de um plano de negócios (*business plan*), é a ferramenta do empreendedor, por meio da qual sua equipe avalia oportunidades, identifica, busca e aloca os recursos necessários ao projeto, planeja as ações a serem tomadas, implementa e gerencia o novo projeto/negócio. Obviamente, muitas incertezas estarão presentes ao longo de todo o processo, e a equipe empreendedora deverá saber como lidar com os riscos de forma calculada, analisando as várias possibilidades existentes e as possíveis consequências para o projeto, para a organização e para elas mesmas.

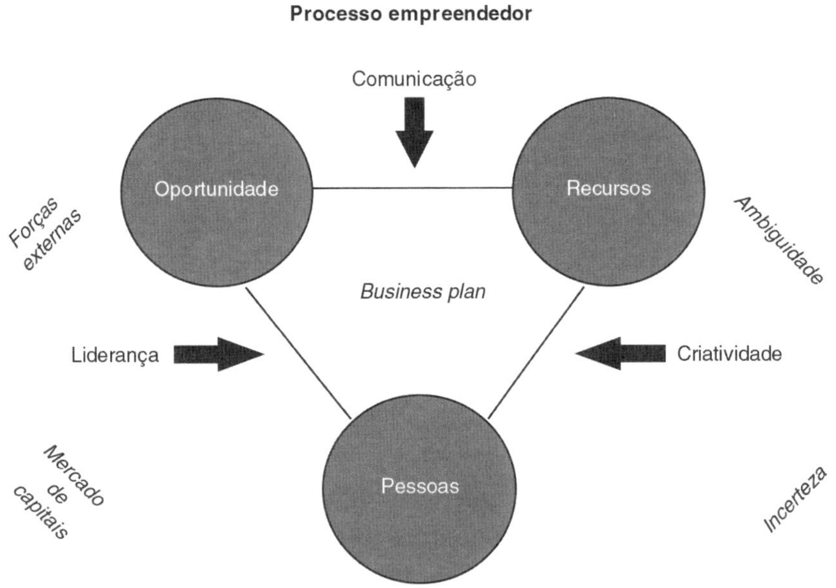

## Processo empreendedor

```
        Comunicação
            ↓
    Oportunidade ——— Recursos
   Forças                    Ambiguidade
   externas   Business plan
Liderança ➡               ⬅ Criatividade
                Pessoas
Mercado                        Incerteza
de
capitais
```

FIGURA 5.3  O processo do empreendedorismo corporativo.

Ao se analisar a Figura 5.3, pode-se dizer que nada de novo existe em sua estrutura, já que toda organização focada no desenvolvimento de novos projetos ou produtos sempre estará explorando uma determinada oportunidade, previamente identificada, alocando recursos e pessoas para tocarem tal projeto. A diferença aqui está justamente em como identificar oportunidades de grande potencial, ter equipes empreendedoras, compostas de pessoas com perfil empreendedor e como otimizar os recursos disponíveis, geralmente escassos. O perfil dos empreendedores corporativos e as diferenças básicas existentes entre eles e os gerentes tradicionais serão exploradas no próximo capítulo.

Ao se observar a Figura 5.4, fica evidente que a prática mais comum nas empresas é justamente o oposto da Figura 5.3, apesar de ambas parecerem muito similares. A grande diferença está justamente na forma como o conceito é visto e praticado nas empresas.

Uma forma sequencial e estruturada de se entender o processo empreendedor pode ainda ser representada como mostra a Figura 5.5. Nessa figura, é dada ênfase em quatro etapas do processo, que podem ser mais detalhadas como segue. Os itens 1 e 2 podem ser atribuídos à primeira etapa do processo; o item 3, à segunda etapa; os itens 4 e 5, à terceira etapa; e os itens 6 e 7, à quarta e última etapa.

1. Identificação e avaliação da oportunidade.
2. Definição do conceito do negócio.
3. Planejamento das atividades a serem implementadas, estratégias a serem usadas, definição das metas e resultados almejados.
4. Identificação dos recursos necessários.
5. Aquisição dos recursos internamente, realocação de recursos disponíveis ou busca dos recursos externamente.
6. Implementação e gerenciamento do projeto.
7. Colheita dos frutos e avaliação dos resultados.

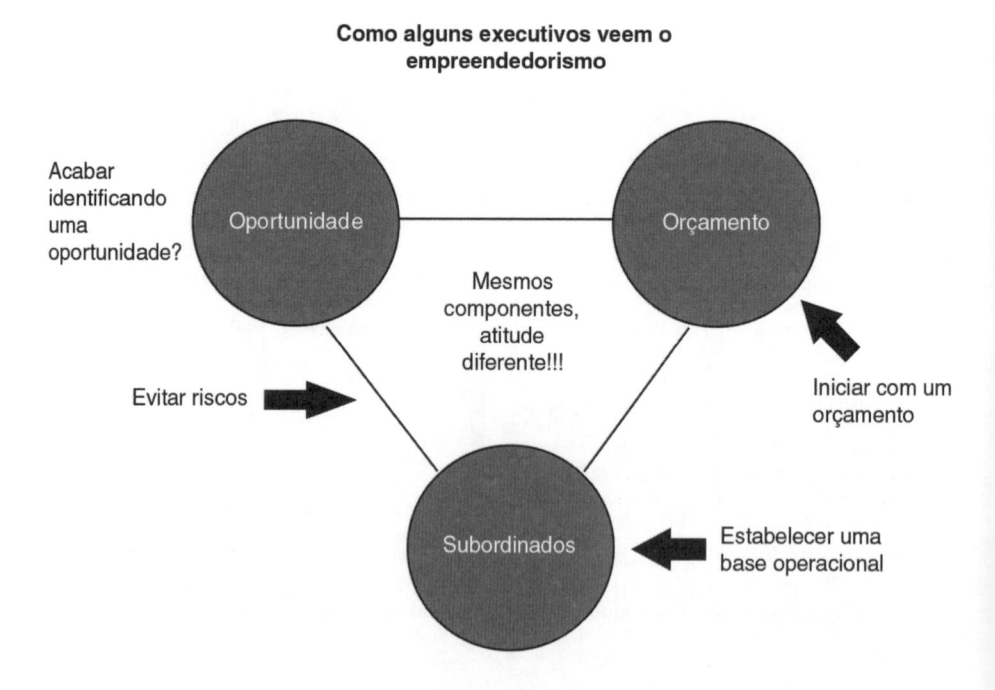

FIGURA 5.4  Forma equivocada de se ver o empreendedorismo corporativo.

É interessante ressaltar que nem sempre o processo ocorre sem interrupções ou tão sequencial como apresentado na Figura 5.5, ou seja, podem existir muitas interações entre as etapas, principalmente as duas iniciais, até que se consiga os recursos para a implementação e o gerenciamento do projeto ou do novo negócio.

As entradas do processo empreendedor geralmente são determinadas ou influenciadas pelo ambiente, ou seja, pelas oportunidades, e ainda pelos indivíduos empreendedores na organização, o contexto em que a organização está inserida, os conceitos de negócios e valores praticados internamente, bem como os recursos que estão disponíveis. Esses fatores, ao influenciarem o processo empreendedor, acabarão por determinar a intensidade empreendedora da organização. Essa intensidade empreendedora é determinada por três variáveis fundamentais e como a organização as pratica em determinado período de tempo: a inovação, a propensão para assumir riscos e a proatividade (iniciativa). A combinação dessas variáveis é que determinará o grau de empreendedorismo da organização. Como resultados, a organização poderá obter a desejada criação de valor, novos processos, produtos e serviços, tecnologias, lucros e benefícios pessoais e corporativos, empregos, ativos e crescimento de receita.

**Processo empreendedor**

| Identificar e avaliar a oportunidade | Desenvolver o Plano de Negócios | Determinar e captar os recursos necessários | Gerenciar o negócio |
|---|---|---|---|
| criação e abrangência da oportunidade<br>valores percebidos e reais da oportunidade<br>riscos e retornos da oportunidade<br>oportunidade *versus* habilidades e metas pessoais/corporativas<br>situação dos competidores | 1. Sumário Executivo<br>2. O Conceito do Negócio<br>3. Equipe de Gestão<br>4. Mercado e Competidores<br>5. Marketing e Vendas<br>6. Estrutura e Operação<br>7. Análise Estratégica<br>8. Plano Financeiro<br>Anexos | recursos da área<br>recursos extras<br>recursos específicos para projetos de inovação<br>recursos externos | estilo de gestão<br>fatores críticos de sucesso<br>identificar problemas atuais e potenciais<br>implementar um sistema de controle<br>entrar em novos mercados<br>avaliação de resultados<br>colheita |

FIGURA 5.5 Forma sequencial de se analisar o processo empreendedor.[9]

O evento inicial que gera todo o processo empreendedor é geralmente influenciado tanto pelas características organizacionais quanto individuais presentes na organização. A partir da decisão de se agir de forma empreendedora, o processo inicia-se, identificando-se e avaliando-se a oportunidade, planejando-se o novo projeto ou negócio e implementando-se as ações necessárias para que ele seja bem-sucedido. A Figura 5.6 exemplifica esse modelo interativo que dá início ao processo do empreendedorismo corporativo.

O empreendedorismo deve ser visto e implementado de forma integrada em toda a organização e não apenas como uma ação isolada que acontece esporadicamente, ou seja, não se trata apenas de ações de uma pessoa ou grupo de pessoas. Deve influenciar a maneira de operar da organização, pois a orientação empreendedora pode ter impacto direto e positivo em seu desempenho. Isso ocorrerá se a orientação empreendedora puder estar presente e influenciar na visão e na missão da empresa, suas estratégias, objetivos e estruturas, fazendo parte da cultura organizacional,[10] como mostra a Figura 5.7.

**Modelo interativo do EC**

**Características organizacionais**
- Suporte gerencial
- Tipo de trabalho
- Recompensas/incentivos
- Disponibilidade de tempo
- Limites organizacionais

**Evento inicial**

**Características individuais**
- Propensão de assumir riscos
- Desejo de autonomia
- Necessidade de realização
- Orientação a metas
- Autocontrole

**Decisão para agir de forma empreendedora** → **Planejamento Viabilidade do negócio** → **Implementação da ideia**

**Disponibilidade de recursos**

**Habilidade de superar barreiras**

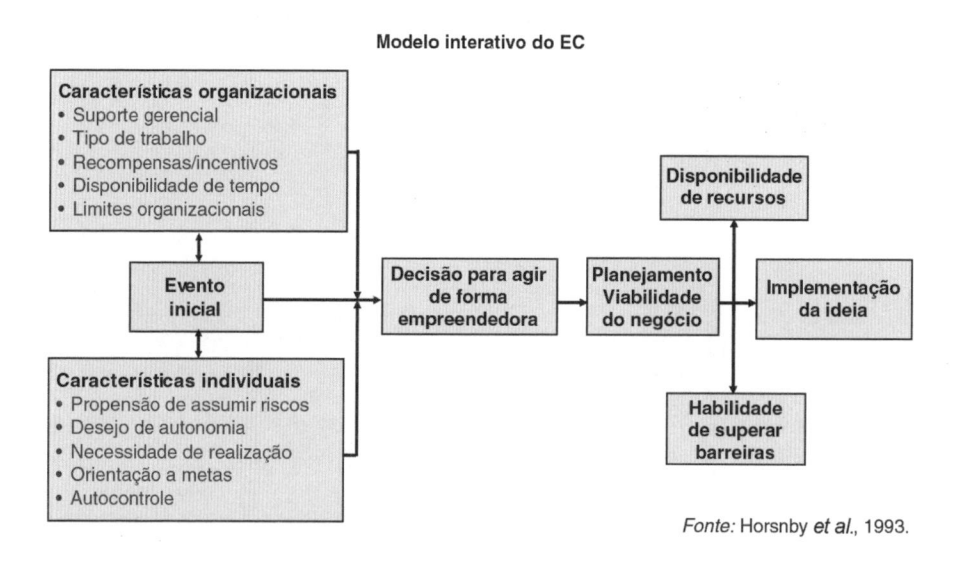

*Fonte:* Horsnby *et al.*, 1993.

FIGURA 5.6  Modelo interativo do processo de empreendedorismo corporativo.

Mas o que define se uma organização é ou não empreendedora? Na verdade, toda organização pode ter algo de empreendedora, umas mais, outras menos. Isso porque empreendedorismo não é uma denominação que se possui ou não. Trata-se de uma variável e, como tal, empresas dos mais variados ramos de atividade e porte podem ser mais ou menos empreendedoras. Para se medir esse grau de empreendedorismo, deve-se levar em consideração as três dimensões-chave do empreendedorismo, anteriormente apresentadas: inovação, propensão de assumir riscos e proatividade. O conceito de inovação e os tipos de inovação já foram discutidos no Capítulo 4, no qual se pôde entender que o grau de inovação a ser buscado depende dos objetivos organizacionais e de seus valores. A inovação pode ser tanto de base tecnológica quanto inovação do modelo de negócios. Pode ainda ser algo incremental ou radical. A inovação é um conceito e prática fundamental diretamente ligada ao empreendedorismo corporativo, porém o empreendedorismo corporativo não se limita à inovação. É mais abrangente e considera ainda as dimensões de risco e proatividade.

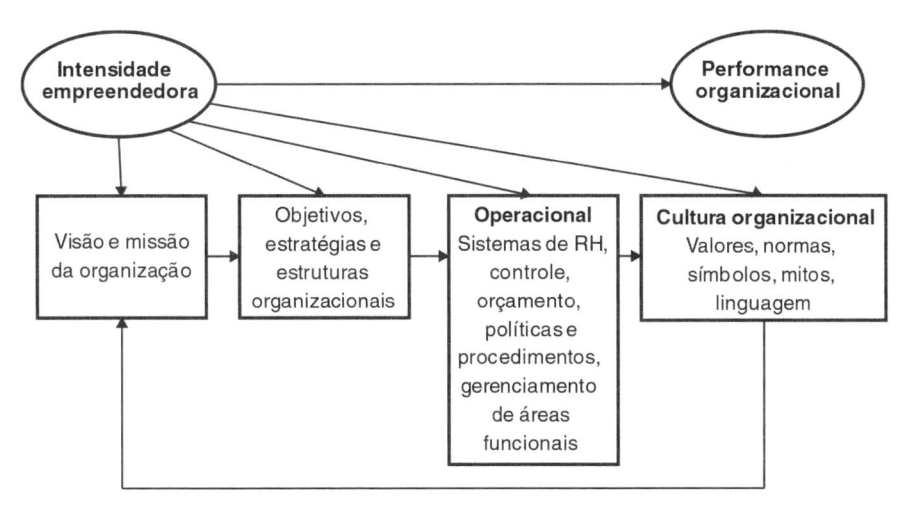

*Fonte*: Morris e Kuratko, 2002.

FIGURA 5.7  Integração estratégica do empreendedorismo na corporação.[11]

Assumir riscos parece ser algo sem lógica, mas muitas empresas assumem riscos sem calculá-los, ou seja, sem saber as consequências que o risco pode trazer. Por outro lado, as grandes oportunidades do mercado geralmente estão atreladas a riscos consideráveis. Por isso a propensão a assumir riscos é crítica para a definição do grau de empreendedorismo de uma corporação. O que se aconselha é que, ao assumir riscos, faça-o assumindo riscos calculados. Riscos calculados não são necessariamente riscos pequenos, são riscos estudados, analisados, e sabe-se o que pode acontecer com a organização caso o risco se torne realidade. Ao se assumir riscos de forma calculada, os empreendedores normalmente estão optando por tentar conseguir ganhos consideráveis, ou seja, altos retornos que poderão ser obtidos em função do risco assumido. Caso não consigam, geralmente, pelo fato de terem calculado o risco, eles têm uma estratégia ou plano B para ser implementado.

Obviamente, nem sempre o plano B é suficiente para evitar os danos que o risco pode trazer. Porém, os empreendedores corporativos serão mais ou menos propensos ao risco em função não só de suas habilidades e crenças pessoais, mas principalmente se a organização tiver valores e políticas internas que deem condições aos seus empreendedores corporativos de fazê-lo. Se a organização sempre considerar as prováveis falhas decorrentes do processo de assumir riscos como fracasso, dificilmente conseguirá convencer seus funcionários a tentarem algo mais arriscado. O que se aconselha é que a empresa tenha políticas de recompensas e aceite certas falhas, incentivando as pessoas a buscarem algo diferente, novo, exercitando a criatividade e estando abertas a ideias inovadoras. Já os empreendedores corporativos devem saber analisar os riscos e dividi-los em partes menores, não tentando fazer tudo sozinhos, e sim formando equipes para tocarem os projetos. Caso a organização seja totalmente contrária a assumir riscos, ela ainda poderá ter certo grau de empreendedorismo, mas, com certeza, muito menor do que o necessário, por exemplo, para perseguir oportunidades de grande potencial. Essa atitude também fará com que muitos funcionários com forte espírito empreendedor não se sintam confortáveis e deixem a empresa em busca de alternativas em que possam praticar o empreendedorismo.

A terceira dimensão do empreendedorismo, a proatividade, está ligada a uma orientação para ação, ter iniciativa, o oposto de reatividade. A ideia aqui é a organização não ficar esperando pelo que ocorre em seu ambiente, mas que aja, antecipando as mudanças que estão por acontecer, surpreendendo o mercado e os concorrentes. Internamente, está ligada à implementação, ao fazer acontecer, assumir as responsabilidades. Trata-se de continuamente buscar as oportunidades no mercado e se antecipar às mudanças do ambiente, o que pode ser manifestado de três formas:[12]

1. Buscar novas oportunidades que podem não estar relacionadas com o que a empresa faz no momento presente.
2. Introduzir novos produtos e marcas à frente dos competidores, antecipando-se a eles.
3. Agir de forma estratégica, eliminando operações que estejam nos estágios de maturidade ou declínio do ciclo de vida.

Pode ser ainda relacionada à disposição das pessoas da organização de agirem para influenciar o ambiente no qual estão inseridas, já que os empreendedores corporativos não são passivos, eles buscam mudar seus próprios ambientes. É ir além do que determina a descrição de seu cargo, é fazer o que deve ser feito para que a atividade ou o projeto seja concretizado, é não desanimar com o primeiro "não", é não esperar. Em resumo, é ter iniciativa e agir.

Assim, o grau de empreendedorismo é definido pelo balanceamento dessas três dimensões. O ideal é que as três dimensões tenham um forte papel no ambiente corporativo, mas isso nem sempre ocorre. Por isso, podem existir organizações com maior ou menor grau de empreendedorismo, dependendo de como estimulam e praticam essas dimensões internamente. A Figura 5.8 exemplifica melhor a combinação das três dimensões que definem o grau de empreendedorismo.

Uma observação interessante a ser feita é que o gráfico da Figura 5.8 pode ainda ser aplicado a um setor ou área da empresa, não apenas à empresa como um todo, e ainda aos indivíduos, ou seja, os empreendedores corporativos. Aqueles indivíduos atentos às oportunidades, criativos e que sempre propõem formas diferentes ou mesmo inéditas de fazer o trabalho, novos produtos e processos, geralmente têm a dimensão de inovação bem desenvolvida. A mesma analogia poderia ser feita para as dimensões de proatividade e propensão ao risco.

**Grau de empreendedorismo**
É a combinação de três variáveis (dimensões):
inovação, proatividade e capacidade de assumir riscos.

E1 – representa uma empresa ou um grupo de gerentes/empreendedores altamente inovadores ou proativos, mas que não assumem risco.

E2 – representa uma empresa ou um grupo de gerentes/empreendedores altamente inovadores e que assumem altos riscos, mas faltam-lhes a persistência e a habilidade de implementar conceitos empreendedores.

E3 – representa uma empresa ou um grupo de gerentes/empreendedores que possuem uma orientação empreendedora mais ou menos equilibrada.

FIGURA 5.8   As dimensões que definem o grau de empreendedorismo.[13]

Como não existe um valor ou padrões a serem perseguidos para o grau de empreendedorismo, deve-se fazer a ressalva de que a aplicação desse modelo depende do tipo de empresa, do mercado em que atua e como está estruturado. Às vezes, para certas organizações, a inovação do tipo radical é importante de ser buscada, como é o caso de empresas de base tecnológica de rápido desenvolvimento. Por outro lado, em organizações que atuam em mercados mais maduros e que não mudam tão rapidamente, as dimensões mais críticas passam a ser a propensão ao risco e a proatividade. Por isso, comparações entre empresas de diferentes setores podem não ser adequadas para se definir qual ou quais são mais ou menos empreendedoras.

Uma forma complementar de se analisar quanto uma organização é empreendedora pode ser obtida ao se analisar o seu grau de empreendedorismo com o passar do tempo. A frequência do empreendedorismo da organização comparada com o seu grau de empreendedorismo pode ser combinada, definindo a intensidade empreendedora da organização. Essa medida é interessante pelo fato de certas organizações se mostrarem extremamente empreendedoras em certos períodos de tempo (ou seja, com alto grau de empreendedorismo) e em outros momentos mudarem ou agirem de forma mais natural ou acompanhando as tendências do mercado e de seus competidores. É muito difícil para as organizações manterem alto grau de empreendedorismo ao longo de muitos anos. Algumas empresas que fazem isso de maneira contínua acabam se destacando e se tornam referências em seus mercados, como é o caso da 3M, exemplo histórico de foco na inovação e prática do empreendedorismo corporativo. Outros exemplos: Apple, Microsoft, GE, P&G e Google.

Quando uma empresa tem muitas iniciativas empreendedoras ao longo do tempo (novos produtos, processos, filiais, criação de outras empresas), diz-se que ela tem alta frequência de empreendedorismo. Mas essa mesma empresa pode não ter alto grau de empreendedorismo (inovação, propensão ao risco e proatividade), pois pode ter tido essas iniciativas por reação ao mercado, sem muita inovação e de forma a evitar riscos. As empresas com alta intensidade empreendedora são raras e são geralmente destaques em seus mercados. As Figuras 5.9 e 5.10 apresentam, respectivamente, o conceito de intensidade empreendedora e exemplos de aplicação desse conceito. Novamente, cabe ressaltar que a ideia aqui não é a comparação entre as empresas ilustradas na Figura 5.10. O que se pretende é mostrar a intensidade empreendedora de cada empresa, respeitando suas naturezas, mercados em que atuam e posicionamentos nesses mercados.

## Capítulo 5 • A prática do empreendedorismo corporativo

**Intensidade empreendedora**

Combinação do grau de empreendedorismo e a frequência de empreendedorismo (número de eventos, por exemplo, criação de novos produtos, serviços e processos com passar do tempo)

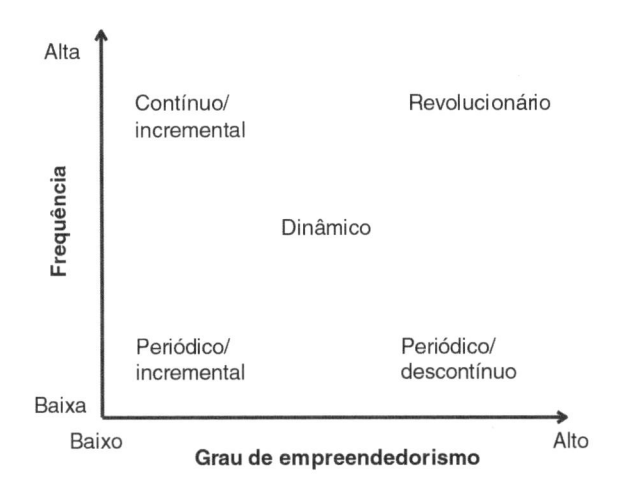

```
Alta |
     |   Contínuo/                 Revolucionário
     |   incremental
Freq.|
     |              Dinâmico
     |
     |   Periódico/                Periódico/
     |   incremental               descontínuo
Baixa|_____
     Baixo      Grau de empreendedorismo     Alto
```

FIGURA 5.9   Conceito de intensidade empreendedora.[14]

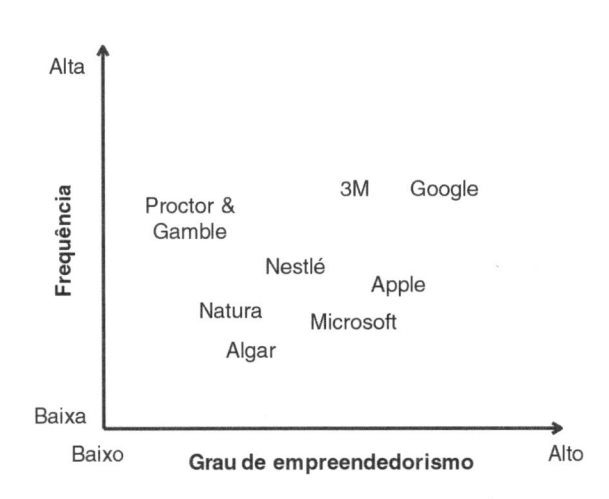

```
Alta |
     |                      3M       Google
     |      Proctor &
     |      Gamble
Freq.|              Nestlé
     |                           Apple
     |              Natura   Microsoft
     |                  Algar
Baixa|_____
     Baixo      Grau de empreendedorismo     Alto
```

FIGURA 5.10   Exemplos de aplicação do conceito de intensidade empreendedora.[15]

## Diferenças e semelhanças entre o empreendedorismo corporativo e o empreendedorismo de *startup*

Como já foi exposto, o conceito de empreendedorismo é amplo o suficiente para ser aplicado a qualquer tipo de organização, desde as que começam do nada, são criadas sem nenhuma referência prévia, as organizações sem fins lucrativos, as organizações públicas e governamentais, e as organizações já existentes. Como o conceito mais difundido de empreendedorismo é aquele ligado à criação de novas empresas, cabe uma análise comparativa entre o empreendedorismo de *startup* (criação de novos negócios) e o empreendedorismo corporativo. As semelhanças existentes entre os dois casos são muitas, como pode ser observado no Quadro 5.2.

O processo empreendedor pode ser aplicado sem perda conceitual a ambos os casos, pois a oportunidade, os recursos e a equipe empreendedora são aspectos-chave, independentemente da organização. Empreender em organizações já estabelecidas pode ser até mais difícil do que iniciar uma nova empresa sem vínculos corporativos, pois existem regras a serem seguidas, a burocracia pode ser um fator limitante e o controle normalmente não está nas mãos do empreendedor.

QUADRO 5.2  Semelhanças entre o empreendedorismo corporativo e o empreendedorismo de *startup*[16]

- Ambos envolvem o reconhecimento, a avaliação e a exploração de uma oportunidade.
- Ambos requerem um conceito único, com diferencial, que leve à criação de novos produtos, serviços, processos ou negócios.
- Ambos dependem de um indivíduo empreendedor, o líder, que forma uma equipe que o ajudará a implementar esse conceito.
- Ambos requerem que o empreendedor esteja apto a balancear visão com habilidades gerenciais, paixão com pragmatismo e proatividade com paciência.
- Em ambos os casos, o empreendedor encontrará resistências e obstáculos e necessitará ser perseverante, necessitando ainda da habilidade de encontrar soluções inovadoras para os problemas.
- Ambos envolvem riscos que requerem estratégias de gerenciamento desses riscos.
- Ambos requerem do empreendedor estratégias criativas para identificar e buscar recursos.
- Ambos requerem do empreendedor a definição de estratégias de colheita, ou seja, como e quando o negócio retornará os investimentos realizados.

QUADRO 5.3  Diferenças entre o empreendedorismo corporativo e o empreendedorismo de *startup*

| Empreendedorismo de *startup* | Empreendedorismo corporativo |
|---|---|
| • Criação de riqueza | • Construir/melhorar a imagem da marca |
| • Busca investimento junto a capitalistas de risco, *angels* (investidores pessoa física) etc. | • Busca recursos internos ou realoca os existentes |
| • Cria estratégias e culturas organizacionais | • Deve trabalhar dentro de uma cultura existente e a oportunidade deve estar coerente com a estratégia da organização |
| • Sem regras | • Regras claras |
| • Horizonte de curto prazo | • Horizonte de médio/longo prazo |
| • Passos rápidos (caos controlado) | • Burocracia |

Por outro lado, ao se iniciar um negócio novo, os recursos nem sempre estão presentes, a empresa não tem nome no mercado, a gestão dificilmente é profissionalizada (usa-se muito empirismo), o que pode levar ao ceticismo dos clientes. E, ainda, gerenciar o crescimento é algo difícil e, muitas vezes, pode levar a empresa ao fracasso rapidamente. Sempre existirão os prós e os contras em ambos os casos. Porém, algumas diferenças básicas podem ser identificadas, as quais são apresentadas no Quadro 5.3.

## Passos para se implementar o empreendedorismo nas organizações

Uma questão que sempre será feita é: onde os empreendedores são encontrados na corporação? Como eles podem desenvolver seu espírito empreendedor dentro das empresas? É interessante observar que não adianta apenas as organizações terem indivíduos com espírito empreendedor e vontade de fazer acontecer se essas organizações não dão condições para que seus empreendedores proponham novos projetos e tenham condições de implementá-los. Um erro clássico que muitas organizações acabam cometendo é falar e difundir em todas as áreas e níveis hierárquicos que "a partir de agora todo mundo aqui terá de pensar e agir de forma empreendedora, pois estamos em uma época de mudanças. Assim, ou nos adequamos ou estamos fora do jogo". Essa acaba sendo uma forma de pressão que não vai necessariamente identificar novos empreendedores, mas forçar as pessoas a agirem como tal, às vezes fugindo de suas características. Estratégias extremamente *top-down* (de cima para baixo) não funcionam nesses casos. É preciso que os funcionários se sintam motivados a buscarem o novo, a se dedicarem e aplicarem suas habilidades empreendedoras. Para isso, as organizações precisam não só priorizar o empreendedorismo em sua missão de negócio, mas disseminar o conceito por toda a organização, fazendo parte da cultura organizacional.

Como o empreendedorismo corporativo está muito relacionado à inovação, a fazer diferente e gerenciar a mudança, talvez, para alguns tipos de organizações, uma forte ênfase no empreendedorismo pode trazer efeitos colaterais e, às vezes, seus funcionários podem tentar mudar processos que se mostram efetivos, só pelo fato de que é necessário mudar. O clima pró-empreendedorismo deve ser muito bem gerenciado e políticas internas devem ser implementadas tanto para dar suporte à iniciativa quanto para controlar eventuais desvios de rota. Alguns passos para se implementar e se praticar o empreendedorismo nas organizações estabelecidas são apresentados a seguir.

1. Inicialmente, a organização precisa priorizar o empreendedorismo como sendo uma prática importante para o seu negócio, e essa ação deve ser liderada pela alta cúpula da empresa.

2. Estrategicamente, a organização deverá eleger um executivo de alto posto para ser o responsável pelas ações empreendedoras na organização (monitoramento das ações que serão implementadas), dando o aval da alta direção. O ideal é que o próprio presidente se dedique a isso.

3. Em conjunto com a área de recursos humanos, deve-se elaborar um programa de treinamento para disseminar o conceito por toda a empresa. Treinamentos e programas de capacitação são o passo inicial para desmistificar o conceito e apresentar o empreendedorismo como algo abrangente e comportamental, mostrando aos funcionários que todos poderão desenvolver esse espírito na empresa e que serão valorizados por isso. No *site* do autor (www.josedornelas.com) encontram-se exemplos de programas de treinamento sobre empreendedorismo corporativo que têm sido implementados com sucesso em algumas organizações no Brasil.

4. A empresa deve então criar as condições para que as pessoas, em todos os níveis, ajam de forma empreendedora, busquem a inovação e o desenvolvimento de novos projetos. De acordo com as necessidades da organização, essa estrutura ou programas internos devem ser moldados para facilitar não só o surgimento de ideias, mas meios de implemen-

tá-las. Caso o foco da organização seja a inovação descontínua, radical, deverá necessariamente haver programas internos mais ousados, como fundos de capital de risco para projetos inovadores; autonomia e tempo para aqueles que apresentem projetos e conseguirem os recursos possam implementá-los; políticas que recompensem aqueles que se propõem a assumir riscos ao implementarem projetos inovadores; condições ao empreendedor líder de recrutar equipes para se dedicarem aos projetos; uma comunicação mais efetiva e relacionamento entre as várias áreas da empresa; incentivo para que pessoas de áreas diferentes se juntem na formação de equipes empreendedoras; não restringir os novos projetos às áreas de P&D e/ou marketing; acesso irrestrito a informações, análise de mercado etc.

5. Deve-se dar tempo para medir resultados e tolerar possíveis falhas. Os projetos, depois de implementados, levam certo tempo para maturar e mostrar resultados. É óbvio que tudo isso deve estar previsto nos planos de negócios dos projetos. Dependendo do projeto, se houver alto risco envolvido, as chances de falhar são muito altas. O importante nesses casos é a empresa entender certas falhas não repetitivas como aprendizado e não punir a equipe responsável pelo projeto. Caso uma equipe ou as pessoas envolvidas no projeto sejam punidas, até com demissões, por falhas decorrentes de ações alheias à vontade da equipe, todo o esforço de se praticar o empreendedorismo na organização pode ter sido em vão, pois os funcionários terão um contraexemplo que certamente os influenciará na tomada de decisão de propor ou não novos projetos inovadores. Por outro lado, caso a organização entenda falhas como aprendizado e premie projetos bem-sucedidos, eles acabarão servindo de exemplo e estímulo às demais equipes e funcionários da organização. A premiação não deve se limitar a quantias em dinheiro, mas promoções, opção de compra de ações e outros tipos de recompensa. Porém, o mais importante é o reconhecimento, algo muitas vezes esquecido pelas empresas. A organização deve mostrar aos seus funcionários que as chances de crescer na empresa, serem promovidos e recompensados serão muito maiores caso estejam envolvidos em novos projetos. É uma forma muito mais efetiva do que punir os não envolvidos. Aqueles que não optarem por se envolver em projetos desse tipo, mesmo com todas as condições de fazê-lo, acabarão se afastando naturalmente da empresa ou a empresa terá muitos motivos para convidá-los a se retirar.

Algo que não pode ser esquecido e que é importante deixar claro são formas de se avaliar os projetos e as pessoas envolvidas, bem como políticas claras para a participação das pessoas, mesmo aquelas envolvidas em tarefas diárias que sejam consideradas prioritárias para os negócios da empresa. Não deve haver discriminação sobre quem poderá participar, pelo contrário, deve-se incentivar a participação de todos, em equipes multifuncionais nas quais os participantes tenham perfis complementares. Pode-se avaliar o perfil por meio de análises aplicadas durante os treinamentos e outras metodologias usadas pela área de recursos humanos da empresa. Exemplos de testes para se identificar o perfil empreendedor encontram-se nos apêndices do livro.

O ideal seria que essas pessoas pudessem se dedicar em tempo integral aos seus projetos, porém isso nem sempre é possível. Assim, no início, muitos deverão saber alocar parte de seu tempo para o projeto e continuarem a fazer o que sempre fizeram, sem perda de desempenho. Esse é um desafio que os verdadeiros empreendedores devem enfrentar, sendo o primeiro teste para realmente se avaliar se os funcionários são ou não empreendedores ou se querem agir como tal. Ou seja, deve haver a contrapartida dos funcionários também.

Finalmente, é muito interessante que cada projeto e equipe de projeto tenha seus *sponsors* ou patrocinadores, apoiadores, geralmente pessoas de nível hierárquico mais alto na organização e que ajudarão na aprovação e na implementação dos projetos. Porém, a equipe empreendedora é que deverá buscar seus *sponsors* e não o contrário.

> **Saiba mais.** Acesse o *site* do autor www.josedornelas.com.br para conhecer casos de sucesso de empresas brasileiras que implementaram o empreendedorismo corporativo, entrevistas com seus presidentes, exemplos de *workshops* e conteúdo adicional sobre empreendedorismo corporativo.

Capítulo 6

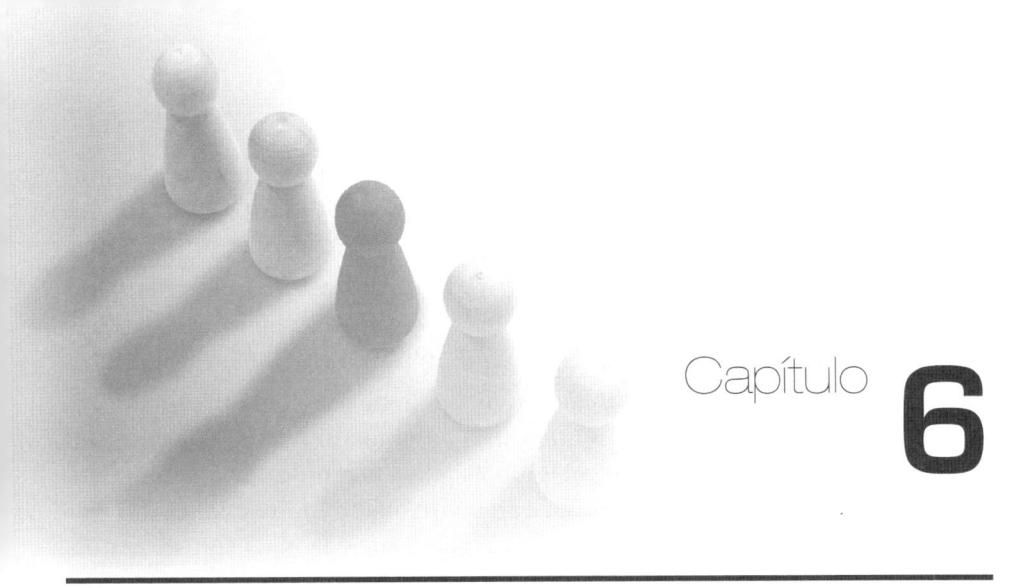

# Quem é o empreendedor corporativo

## Entendendo o papel dos empreendedores

Os empreendedores são pessoas ou equipes de pessoas com características especiais, que são visionárias, que questionam, que ousam, que querem algo diferente, que fazem acontecer, ou seja, que empreendem. Os empreendedores são pessoas diferenciadas, que possuem uma motivação singular, gostam do que fazem, não se contentam em ser mais uma na multidão, querem ser reconhecidas e admiradas, referenciadas e imitadas, querem deixar um legado.

Alguns conceitos administrativos predominaram em determinados períodos do século XX, em virtude de contextos sociopolíticos, culturais, de desenvolvimento tecnológico, de desenvolvimento e consolidação do capitalismo. A Figura 6.1 mostra quais desses conceitos foram mais determinantes: no início do século, foi o movimento da racionalização do trabalho; nos anos 1930, o movimento das relações humanas; nos anos 1940 e 1950, o movimento do funcionalismo estrutural; nos anos 1960, o movimento dos sistemas abertos; nos anos 1970, o movimento das contingências ambientais. No momento presente, não se tem um movimento predominante, mas acredita-se que o empreendedorismo irá, cada vez mais, mudar a forma de se fazer negócios no mundo.

O papel do empreendedor foi sempre fundamental na sociedade. Então por que o empreendedorismo está se intensificando agora? O que é diferente do passado? Ora, o que é diferente é que o avanço tecnológico tem sido tamanho, que requer um número muito maior de empreendedores. A economia e os meios de produção e serviços também se sofisticaram, de forma que hoje existe a necessidade de se formalizar conhecimentos, que eram apenas obtidos empiricamente no passado. Portanto, a ênfase em empreendedorismo surge muito mais como consequência das mudanças tecnológicas e sua rapidez, e não é apenas um modismo. A competição na economia também força novos empresários e empresas já estabelecidas a adotarem paradigmas diferentes.

Por isso o momento atual pode ser chamado de era do empreendedorismo, pois são os empreendedores que estão eliminando barreiras comerciais e culturais, encurtando distâncias, globalizando e renovando os conceitos econômicos, criando novas relações de trabalho e definindo novos empregos, quebrando paradigmas e gerando riqueza para a sociedade. O contexto atual é propício para o surgimento de um número cada vez maior de empreendedores dentro e fora das organizações existentes.

| 1900 | 1910 | 1920 | 1930 | 1940 | 1950 | 1960 | 1970 | 1980 | 1990 | 2000 |
|---|---|---|---|---|---|---|---|---|---|---|
| Movimento de racionalização do trabalho: foco na gerência administrativa | | | | | | | | | | |
| | | | Movimento das relações humanas: foco nos processos | | | | | | | |
| | | | | | Movimento do funcionalismo estrutural: foco na gerência por objetivos | | | | | |
| | | | | | | | Movimento dos sistemas abertos: foco no planejamento estratégico | | | |
| | | | | | | | | Movimento das contingências ambientais: foco na competitividade | | |
| | | | | | | | | | Não se tem um movimento predominante, mas há cada vez mais o foco no papel empreendedor como gerador de riqueza para a sociedade | |

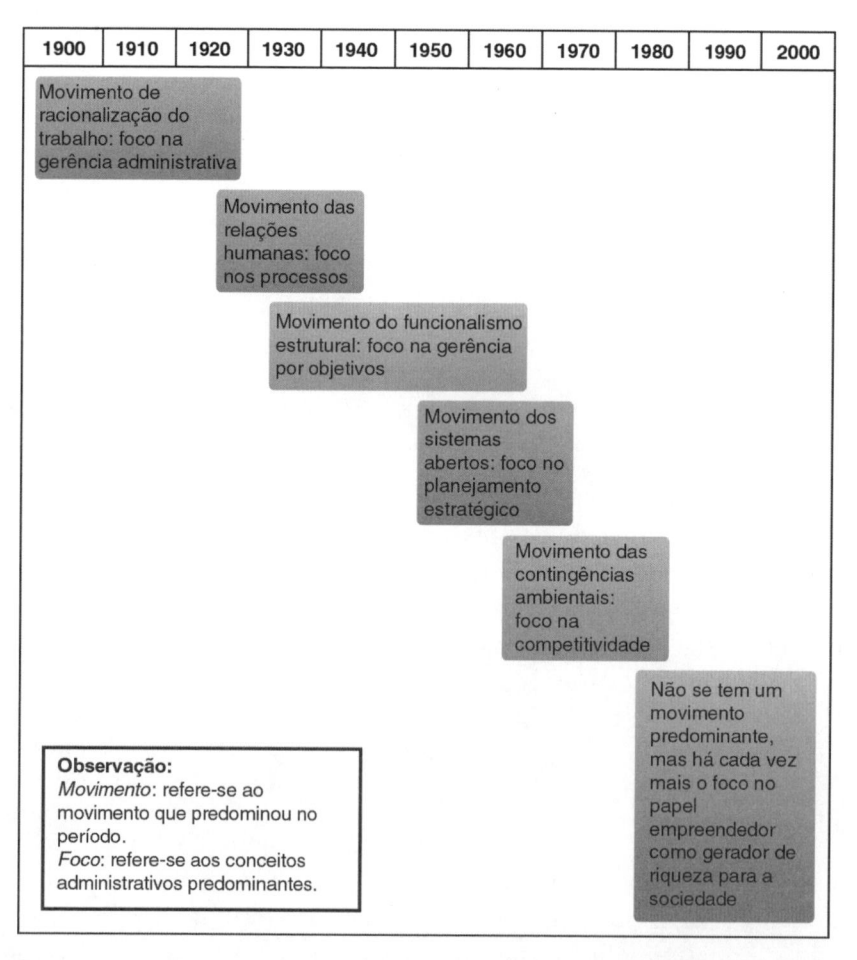

Observação:
*Movimento*: refere-se ao movimento que predominou no período.
*Foco*: refere-se aos conceitos administrativos predominantes.

FIGURA 6.1   Evolução histórica das teorias administrativas.[1]

Há algumas décadas os empregos oferecidos pelas grandes empresas nacionais e multinacionais, bem como a estabilidade que se conseguia nos empregos em repartições públicas, eram muito convidativos, já que ofereciam bons salários, *status* e possibilidade de crescimento dentro da organização. O ensino de administração era voltado para esse foco: formar profissionais para administrar as empresas sem se preocupar necessariamente com a inovação, já que o importante era apenas fazer as tarefas que lhe eram atribuídas de forma eficiente.

Com a mudança recente desse cenário, os profissionais experientes, os jovens à procura de uma oportunidade no mercado de trabalho, as escolas de ensino de administração, bem como as organizações, não estavam preparados para o novo contexto. E mudar a visão a respeito de determinado assunto, redirecionar ações e repensar conceitos leva algum tempo para refletir em resultados práticos.

Nos capítulos anteriores, já foi mencionado o fato de que o empreendedorismo não se refere apenas à criação de novos negócios, e de que é possível ser empreendedor dentro de empresas existentes, comportando-se de forma diferente, inovando e colaborando para o crescimento e o sucesso da corporação. Esse é o papel que deve ser exercido pelo executivo moderno, procurando agir de forma empreendedora, assumindo riscos calculados, identificando oportunidades de negócios para a corporação, sendo criativo e um exímio trabalhador em equipe.

O empreendedor corporativo (ou intraempreendedor, empreendedor interno), o empreendedor de *startup* (que cria novos negócios) e outros tipos de empreendedores[2] são pessoas que se destacam onde quer que trabalhem e, por isso, seu comportamento, bem como formas de aprender a se comportar como um, devem ser compreendidos e adquiridos.

A palavra "empreendedor" (*entrepreneur*) tem origem francesa e indica aquele que assume riscos e começa algo novo, mesmo dentro de uma corporação existente. Mas o que diferencia um empreendedor de um administrador ou executivo? Aqui cabe uma breve análise das diferenças e similaridades entre os administradores e empreendedores, pois muito se discute a respeito desse assunto. Todo empreendedor necessariamente deve ser um bom administrador para obter o sucesso; no entanto, nem todo bom administrador é empreendedor. O empreendedor tem algo mais, algumas características e atitudes que o diferenciam do administrador tradicional.

Mas para entender quais são essas características adicionais é preciso entender o que faz o administrador.

## Diferenças e semelhanças entre o administrador, o empreendedor de *startup* e o empreendedor corporativo

O administrador tem sido objeto de estudo há muito mais tempo que o empreendedor, e mesmo assim ainda persistem dúvidas sobre o que o administrador realmente faz. Na verdade, não se propõe aqui encontrar respostas detalhadas para o tema, mas sim fornecer evidências ao leitor para melhor entendimento dos papéis do administrador e do empreendedor. As análises efetuadas por Hampton[3] sobre o trabalho do administrador e sua proposição de um modelo geral para sua interpretação talvez resumam as principais abordagens existentes para se entender o trabalho do administrador ao longo dos últimos anos.

A abordagem clássica ou processual, com foco na impessoalidade, na organização e hierarquia, propõe que o trabalho do administrador ou a arte de administrar se concentre nos atos de planejar, organizar, dirigir e controlar. O principal divulgador desse princípio foi Henry Fayol, no início do século XX, e vários outros autores reformularam ou complementaram seus conceitos com o passar dos anos.

Uma outra abordagem sobre o trabalho do administrador foi feita por Rosemary Stewart,[4] do Oxford Center Management Studies, que acreditava que o trabalho dos administradores é semelhante, já que compartilham de três características principais: demandas, restrições e opções. Nesse método de Stewart não há a preocupação de estudar o conteúdo do trabalho do administrador. As demandas especificam o que tem de ser feito. Restrições são os fatores internos e externos da organização que limitam o que o responsável pelo trabalho administrativo pode fazer. Alternativas identificam as opções que o responsável tem na determinação do que fazer e como fazer.

Hampton acrescenta que os trabalhos administrativos diferem em dois aspectos: o nível que eles ocupam na hierarquia, que define como os processos administrativos são alcançados, e o conteúdo para o qual são especialistas ou generalistas. Em relação aos níveis, o trabalho administrativo pode ser identificado como sendo: supervisão, médio e alto. Os supervisores tratam comumente de operações de uma unidade específica, como uma seção ou departamento. Os administradores médios ficam entre os mais baixos e os mais altos níveis na hierarquia em uma organização. E os administradores de alto nível são aqueles que têm a mais alta responsabilidade e a mais abrangente rede de interações. Outro aspecto estudado é a diferenciação dos gerentes em funcionais e gerais, independentemente do nível que ocupam na organização. Os funcionais são considerados como encarregados de partes específicas de uma organização, e os gerais são aqueles que assumem responsabilidades amplas e multifuncionais.

Outra abordagem relevante refere-se ao estudo de Kotter[5] das características dos gerentes gerais, que procura mostrar o que os gerentes eficientes realmente fazem. Segundo Kotter, esses administradores criam e modificam agendas, incluindo metas e planos para sua organização, e desenvolvem redes de relacionamentos cooperativos para implementá-las. Em sua maioria, esses gerentes são ambiciosos, buscam o poder, são especializados, têm temperamento imparcial e muito otimismo.

Mintzberg[6] propôs uma abordagem que trata da atividade do trabalho gerencial, focando os papéis dos gerentes: interpessoais (representante, líder e ligação), informacionais (monitor, disseminador e interlocutor) e decisórios (empreendedor, solucionador de distúrbios, "alocador" de recursos, e negociador). Esses papéis dos gerentes podem variar dependendo de seu nível na organização, sendo mais ou menos evidente um ou outro papel. O administrador também assume papéis em grupos sociais para efetivar as quatro ações processuais da abordagem clássica dos processos.

É relevante ressaltar que o perfeito controle (hierarquia) nem sempre garante que as ações planejadas sejam executadas conforme o planejado, já que outras variáveis interferem no processo administrativo. É nesse ponto que as várias abordagens se complementam para explicar o trabalho do administrador. O Quadro 6.1 resume as abordagens citadas e o grau de influência de algumas características em relação a cada uma.

O empreendedor possui características extras, além dos atributos do administrador, e alguns atributos pessoais que somados a características sociológicas e ambientais permitem a realização de inovações dentro da corporação, a identificação de oportunidades e a diferenciação. No Quadro 6.2 são apresentadas algumas dessas características.

QUADRO 6.1  Comparação das quatro abordagens do papel do administrador

| | Abordagens | | | |
|---|---|---|---|---|
| | Processo | Restrições, Demandas e Escolhas (**Stewart**) | Papéis (**Mintzberg**) | Agenda (**Kotter**) |
| Pessoalidade | Fraco | Forte | Forte | Forte |
| Uso do relacionamento interpessoal | Fraco | – | Forte | Forte |
| Foco nas organizações e ações conjuntas | Forte | Fraco | Médio | Médio |
| Utilização da hierarquia | Forte | Forte | Média | Forte |

Quando se analisam os estudos sobre o papel e as funções do administrador, efetuados por Mintzberg, Kotter, Stewart, e ainda sobre a abordagem processual do trabalho do administrador, pode-se dizer que existem muitos pontos em comum entre o administrador e o empreendedor, ou seja, o empreendedor é um administrador, mas com diferenças consideráveis em relação à média dos gerentes ou executivos, pois os empreendedores são mais visionários do que a maioria dos gerentes comuns.

As diferenças entre os domínios empreendedor e administrativo podem ser comparadas em cinco dimensões distintas de negócio: orientação estratégica, análise das oportunidades, comprometimento dos recursos, controle dos recursos e estrutura gerencial (Quadro 6.3). No Quadro 6.4, pode ser observada também uma comparação entre os empreendedores de *startup*, os gerentes tradicionais e os empreendedores corporativos. É interessante observar que o empreendedor de sucesso leva consigo ainda uma característica singular, que é o fato de conhecer como poucos a área de atuação da empresa, o que leva tempo e requer experiência. Talvez esse seja um dos motivos que levam à falência empresas criadas por jovens entusiasmados, mas sem o devido preparo. Por outro lado, em organizações estabelecidas, aqueles que detêm o conhecimento de seu funcionamento e de como interagir com as demais pessoas na corporação têm mais chances de implementar projetos inovadores.

## QUADRO 6.2  Características comuns aos empreendedores

| | |
|---|---|
| **São visionários** | Eles têm a visão de como será o futuro para o negócio onde está envolvido e sua vida, e o mais importante, eles têm a habilidade de implementar seus sonhos. |
| **Sabem tomar decisões** | Eles não se sentem inseguros, sabem tomar as decisões corretas na hora certa, principalmente nos momentos de adversidade, sendo um fator-chave para o seu sucesso. Além de tomar decisões, implementam suas ações rapidamente. |
| **São indivíduos que fazem a diferença** | Os empreendedores transformam algo de difícil definição, uma ideia abstrata, em algo concreto, que funciona, transformando o que é possível em realidade (KAO, 1989; KETS DE VRIES, 1997). Sabem agregar valor aos serviços e produtos que ajudam a colocar no mercado. |
| **Sabem explorar ao máximo as oportunidades** | Para a maioria das pessoas, as boas ideias são daqueles que as veem primeiro, por sorte ou acaso. Para os visionários (os empreendedores), as boas ideias são geradas daquilo que todos conseguem ver, mas não identificaram algo prático para transformá-las em oportunidade, por meio de dados e informação. Para Schumpeter (1949), o empreendedor é aquele que quebra a ordem corrente e inova, criando mercado por meio de uma oportunidade identificada. Para Kirzner (1973), o empreendedor é aquele que cria um equilíbrio, encontrando uma posição clara e positiva em um ambiente de caos e turbulência, ou seja, identifica oportunidades na ordem presente. Porém, ambos são enfáticos em afirmar que o empreendedor é um exímio identificador de oportunidades, sendo um indivíduo curioso e atento a informações, pois sabe que suas chances melhoram quando seu conhecimento aumenta. |
| **São determinados e dinâmicos** | Eles implementam suas ações com total comprometimento. Atropelam as adversidades, ultrapassando os obstáculos, com uma vontade ímpar de "fazer acontecer". Mantêm-se sempre dinâmicos e cultivam certo inconformismo diante da rotina. |
| **São otimistas e apaixonados pelo que fazem** | Eles adoram o seu trabalho, sendo esse amor o principal combustível que os mantém cada vez mais animados e autodeterminados, tornando-os os melhores vendedores de seus produtos e serviços, pois sabem, como ninguém, como fazê-lo. |
| **São dedicados** | Eles se dedicam 24 horas por dia, sete dias por semana, ao negócio. São trabalhadores exemplares, encontrando energia para continuar, mesmo quando encontram problemas pela frente. |
| **São independentes e constroem seu próprio destino** | Eles querem estar à frente das mudanças e ser donos do próprio destino. Querem criar algo novo e determinar seus próprios passos, abrir seus próprios caminhos... |

QUADRO 6.2  Características comuns aos empreendedores
(Continuação)

| | |
|---|---|
| São líderes e formadores de equipes | Os empreendedores têm um senso de liderança incomum. E são respeitados e adorados por seus subordinados, pois sabem valorizá-los, estimulá-los e recompensá-los, formando um time em torno de si. Sabem que, para obter êxito e sucesso, dependem de uma equipe de profissionais competentes. Sabem ainda recrutar as melhores cabeças para assessorá-los nos campos onde não detêm o melhor conhecimento. |
| São bem relacionados (*networking*) | Os empreendedores sabem construir uma rede de contatos que os auxiliam nos ambientes interno e externo da empresa, junto a clientes, fornecedores e entidades de classe. |
| São organizados | Os empreendedores sabem obter e alocar os recursos materiais, humanos, tecnológicos e financeiros, de forma racional, procurando o melhor desempenho para o negócio. |
| Planejam, planejam, planejam | Os empreendedores de sucesso planejam cada passo de suas atividades no negócio em que estão envolvidos, desde o primeiro rascunho do plano de negócios até a apresentação do plano a superiores, a definição das estratégias de marketing para novos produtos/serviços etc., sempre tendo como base a forte assimilação da visão da corporação para a qual trabalham. |
| Possuem conhecimento | São sedentos pelo saber e aprendem continuamente, pois sabem que, quanto maior o domínio sobre um ramo de negócio, maior é sua chance de êxito. Esse conhecimento pode vir da experiência prática, de informações obtidas em publicações especializadas, de cursos ou mesmo de conselhos de pessoas que já passaram por posições similares na empresa, fora dela, em outras empresas etc. |
| Assumem riscos calculados | Talvez essa seja a característica mais conhecida dos empreendedores. O verdadeiro empreendedor é aquele que assume riscos calculados e sabe gerenciar o risco, avaliando as reais chances de sucesso. Assumir riscos tem relação com desafios. E, para o empreendedor, quanto maior o desafio, mais estimulante será a jornada empreendedora. |
| Criam valor para a sociedade | Os empreendedores utilizam seu capital intelectual para criar valor para a sociedade, por meio da geração de emprego, dinamizando a economia e inovando, sempre usando sua criatividade em busca de soluções para melhorar a vida das pessoas. |

## QUADRO 6.3 — Comparação dos domínios empreendedor e administrativo

| Domínio empreendedor | | | | Domínio administrativo |
|---|---|---|---|---|
| **Pressões nessa direção** | | **Dimensões-chave do negócio** | | **Pressões nessa direção** |
| Mudanças rápidas:<br>• Tecnológicas<br>• Valores sociais<br>• Regras políticas | Dirigida pela percepção de oportunidades | **Orientação estratégica** | Dirigida pelos recursos atuais sob controle | Critérios de medição de desempenho; sistemas e ciclos de planejamento |
| Orientação para ação; decisões rápidas; gerenciamento de risco | Revolucionário com curta duração | **Análise das oportunidades** | Evolucionário de longa duração | Reconhecimento de várias alternativas; negociação da estratégia; redução do risco |
| Falta de previsibilidade das necessidades; Falta de controle exato; necessidade de aproveitar mais oportunidades; pressão por mais eficiência | Em estágios periódicos com mínima utilização em cada estágio | **Comprometimento dos recursos** | Decisão tomada passo a passo, baseada em um orçamento | Redução dos riscos pessoais; utilização de sistemas de alocação de capital e de planejamento formal |
| Risco da obsolescência; necessidade de flexibilidade | Uso mínimo dos recursos existentes ou aluga recursos extras necessários | **Controle dos recursos** | Habilidade no emprego dos recursos | Poder, *status* e recompensa financeira; medição da eficiência; inércia e alto custo das mudanças; estrutura da empresa |
| Coordenação das áreas-chave de difícil controle; desafio de legitimar o controle da propriedade; desejo dos funcionários de serem independentes | Informal, com muito relacionamento pessoal | **Estrutura gerencial** | Formal, com respeito à hierarquia | Necessidade de definição clara de autoridade e responsabilidade; cultura organizacional; sistemas de recompensa; inércia dos conceitos administrativos |

QUADRO 6.4 Comparação entre o gerente tradicional, o empreendedor de *startup* e o empreendedor corporativo[7]

| Características | Gerente tradicional | Empreendedor de *startup* | Empreendedor corporativo |
|---|---|---|---|
| Motivação | Quer promoção e outras recompensas da corporação; motivado pelo poder | Quer liberdade; orientado a metas; autoconfiante; automotivado | Quer liberdade de acesso aos recursos corporativos; orientado a metas; automotivado e também quer as recompensas e o reconhecimento da organização |
| Horizonte de tempo | Gerencia orçamentos; ações semanais, mensais; horizonte de planejamento anual até próxima promoção ou transferência | Estabelece metas de longo prazo (cinco, dez anos) para guiar o crescimento da empresa; age agora para atingir esses objetivos | Estabelece metas de três a cinco anos, dependendo do negócio; autoimpõe tarefas e prazos com vistas a atingir os objetivos da empresa |
| Modo de agir | Delega; supervisiona e relata de forma mais ativa | "Coloca a mão na massa"; às vezes fica bravo com funcionários que fazem o seu trabalho | "Coloca a mão na massa"; delega quando necessário, mas faz o que tem de ser feito |
| Habilidades | Gerencia profissionalmente; geralmente tem formação gerencial (MBA etc.); usa ferramentas gerenciais, gerencia pessoas e tem habilidades "políticas" | Conhece o negócio como ninguém; mais perspicácia que conhecimentos gerenciais; mais técnica que administração | Parece com o empreendedor de *startup*, mas possui habilidades do gerente; procura ajuda com outros para prosperar na empresa |
| Atitude sobre seu destino (autocontrole) | Vê outros definindo seu destino; pode ser ambicioso, mas teme que outros tomem seu espaço | Autoconfiante, otimista e corajoso | Autoconfiante e corajoso; pode ser cético sobre o sistema, mas otimista em mudá-lo |
| Foco | Principalmente nos eventos internos da organização | Nas novas tecnologias e mercados | Dentro e fora da organização/local de trabalho; consegue ter visão mais abrangente e foco também nos consumidores/clientes |
| Atitude sobre assumir riscos | Cauteloso | Gosta de (aceita) assumir riscos moderados; procura dividi-los com outros | Gosta de (aceita) assumir riscos moderados; geralmente não tem medo de ser demitido, assim, vê pouco risco pessoal |

(Continua)

Capítulo 6 • Quem é o empreendedor corporativo

QUADRO 6.4 Comparação entre o gerente tradicional, o empreendedor de *startup* e o empreendedor corporativo[7]
(Continuação)

| Características | Gerente tradicional | Empreendedor de *startup* | Empreendedor corporativo |
|---|---|---|---|
| Uso de pesquisa de mercado | Utiliza para definir e descobrir necessidades dos clientes e guiar as ações de posicionamento dos produtos | Cria necessidades; geralmente inova com produtos que não podem ser testados via pesquisa de mercado; conversa diretamente com consumidores e forma sua própria opinião | Faz sua própria pesquisa de mercado e avaliação intuitiva do mercado como um empreendedor de *startup* |
| Atitude sobre *status* | Cuida para mantê-lo (secretária própria, sala diferenciada etc.) | Fica feliz se a empresa está indo bem, mesmo que não tenha luxos para si | Considera os símbolos de *status* uma piada; o que conta é desempenho e liberdade de agir |
| Atitude sobre falhas e erros | Procura evitar erros e surpresas; adia o reconhecimento de falhas | Lida com erros e falhas como se fosse um aprendizado | Tem sensibilidade de mostrar os erros da forma correta (analítica e politicamente), a fim de não prejudicar o seu papel e a sua imagem na organização |
| Estilo de tomada de decisão | Concorda com quem está no poder; atrasa certas tomadas de decisão até ter certeza de que estão de acordo com o que pensam os superiores | Segue uma visão própria, decisiva e orientada à ação | Faz com que outros concordem com sua decisão (persuasão); mais paciente e comprometido que o empreendedor de *startup*, mas mesmo assim um fazedor |
| A quem serve | Aos outros | A si e aos clientes | A si, aos clientes e aos superiores |
| Atitude em relação ao sistema | Vê de forma a proteger-se dentro dele; procura uma posição no sistema | Pode rapidamente progredir dentro de um sistema; quando frustrado, busca construir seu próprio sistema em sua empresa | Não gosta do sistema, mas aprende a "influenciá-lo" |
| Estilo de resolução de problemas | Resolve de acordo com as regras do sistema | Evita formas estruturadas, buscando suas próprias saídas | Resolve de acordo com as regras do sistema ou de forma contornada sem fugir às regras |
| Relações interpessoais | Vê a hierarquia como base para seus relacionamentos | Vê negociações e estabelecimento de acordos como base para os relacionamentos | Vê as negociações dentro da hierarquia como base para os relacionamentos |

Outro fator que diferencia o empreendedor de sucesso do administrador comum é o constante planejamento a partir de uma visão de futuro. Esse talvez seja o grande paradoxo a ser analisado, já que o ato de planejar é considerado uma das funções básicas do administrador desde os tempos de Fayol, como foi abordado na visão processual das atividades do administrador. Então não seria o empreendedor aquele que assume as funções, os papéis e as atividades do administrador de forma complementar a ponto de saber utilizá-las no momento adequado para atingir seus objetivos? Nesse caso, o empreendedor estaria sendo um administrador completo, que incorpora as várias abordagens existentes sem se restringir a apenas uma delas e interage com seu ambiente para tomar as melhores decisões.

Para consolidar um comportamento empreendedor na organização, o gerente deve, muitas vezes, pensar e agir como um empreendedor. Isso significa que deve sempre estar obcecado por oportunidades, já que existem três atividades que os empreendedores corporativos de sucesso executam muito bem e que já foram apresentadas anteriormente:

1. Identificam oportunidades.
2. Avaliam a oportunidade.
3. Implementam meios para capitalizar sobre a oportunidade.

Essas três atividades são desenvolvidas também por outros empreendedores, e não apenas pelos corporativos. No entanto, ao se observar algumas das características dos empreendedores de sucesso, nota-se que em duas delas há diferenças fundamentais entre o empreendedor corporativo e o empreendedor de *startup*. São duas exceções que resumem a comparação entre os dois tipos de empreendedores e que dizem muito a respeito do comportamento de cada um:

- Paixão pelo que faz (algo que é seu).
- Autocontrole (e definição do caminho a seguir).

Essas características são apresentadas na Figura 6.2. É difícil para o empreendedor corporativo ter o mesmo grau de paixão pelo que faz que o empreendedor de *startup*. Seria exagero admitir que empreendedores corporativos veem a organização como algo que é deles, como é o caso dos empreendedores de *startup*.

Apesar disso, espera-se que os empreendedores corporativos ajam como se fossem proprietários. É uma questão de riscos e retornos. Se ao empreendedor corporativo for oferecida a possibilidade de retornos pelos riscos assumidos (retornos não só financeiros, mas de reconhecimento, promoção, premiação etc.), talvez a paixão que ele possa ter se aproxime daquela do empreendedor de *startup*. Em relação ao controle, geralmente o empreendedor corporativo deve seguir muitas regras e pode ser controlado pela organização, o que não ocorre com o empreendedor de *startup*, pois é ele quem define as regras.

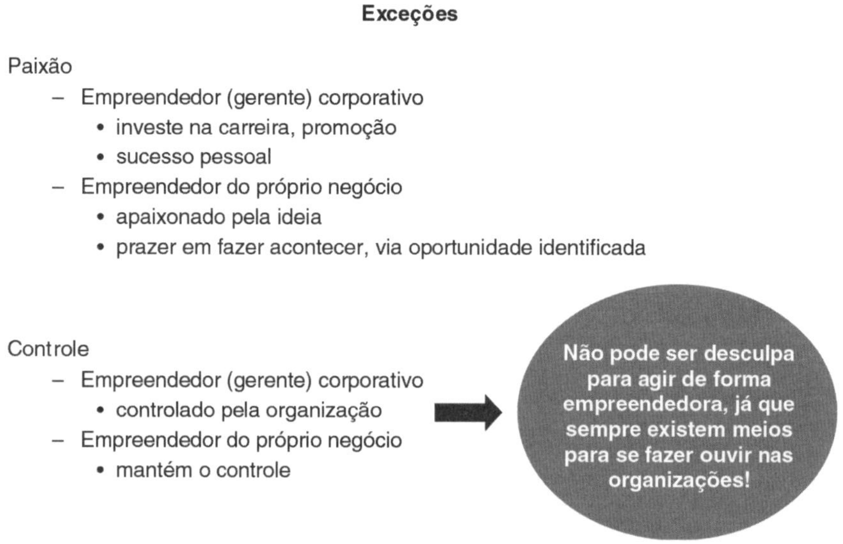

**Exceções**

Paixão
- Empreendedor (gerente) corporativo
  - investe na carreira, promoção
  - sucesso pessoal
- Empreendedor do próprio negócio
  - apaixonado pela ideia
  - prazer em fazer acontecer, via oportunidade identificada

Controle
- Empreendedor (gerente) corporativo
  - controlado pela organização
- Empreendedor do próprio negócio
  - mantém o controle

> Não pode ser desculpa para agir de forma empreendedora, já que sempre existem meios para se fazer ouvir nas organizações!

FIGURA 6.2 Exceções sobre o comportamento do empreendedor corporativo e do empreendedor de *startup*.

## Diferentes categorias e papéis dos empreendedores

Os empreendedores corporativos podem se manifestar de várias formas na organização. Miner[8] identificou quatro tipos de empreendedores que atingem o sucesso desenvolvendo atividades e seguindo rotas diferentes. É interessante notar que em todos os casos esses empreendedores possuem características condizentes com aquelas apresentadas no Quadro 6.2 e outras até contraditórias. Algo que deve ficar claro é que dificilmente os empreendedores que atingem o sucesso possuem todas as características expostas no Quadro 6.2 como sendo as suas. O interessante é que a equipe, o time empreendedor em conjunto, possua todas. Assim, ao se identificar os vários tipos de empreendedores e colocá-los para trabalhar em conjunto, cada um trazendo algo de relevante para a equipe, devido às suas características pessoais e experiências, a equipe só terá a ganhar e será uma grande equipe empreendedora.

Os empreendedores não são apenas aqueles que têm ideias, criam novos produtos ou processos. São também aqueles que implementam, lideram equipes e vendem suas ideias. É difícil encontrar todas essas características em uma única pessoa. Por isso, a identificação do perfil de cada uma é a chave, e o trabalho em equipe é fundamental para o sucesso dos empreendedores dentro da organização. Nos Apêndices, são apresentados vários testes de perfil para que os empreendedores se autoavaliem e conheçam melhor suas habilidades, pontos fortes e fracos e como podem contribuir para trabalhos em equipe.

### Tipo 1 – O empreendedor que busca resultados (empreendedor clássico)

- Tem necessidade grande de realização.
- Sente a necessidade de receber um *feedback* (avaliação) de sua *performance*.
- Planeja e estabelece metas.
- Tem forte iniciativa pessoal.
- Compromete-se fortemente e se identifica com a organização.
- Possui autocontrole (define os caminhos a seguir).
- Acredita que o trabalho deveria ser guiado por metas pessoais, e não pelos outros.

### Tipo 2 – O grande vendedor (atinge o sucesso por meio de sua rede de relacionamentos, capacidade de vender e ser persuasivo, e das habilidades pessoais)

- Tem grande capacidade de se entender com as pessoas (muita empatia).
- Deseja ajudar aos outros.
- Acredita que os relacionamentos, as interações e as atividades sociais são importantes.
- Necessita possuir fortes relacionamentos com outras pessoas.
- Acredita que o ato de vender é crucial para que a empresa implemente suas estratégias.
- Geralmente tem alguma experiência em vendas.

**Tipo 3 – O gerente (possui boas habilidades gerenciais combinadas com uma agressiva orientação ao crescimento profissional)**

- Deseja ser um líder corporativo.
- Deseja competir.
- É decisivo (gosta de tomar decisões).
- Deseja o poder.
- Tem atitudes positivas em relação à autoridade.
- Deseja ficar um pouco distante dos demais funcionários.

**Tipo 4 – O criativo (gerador de ideias)**

- Desejo de inovação.
- Adora ideias, é curioso, mente aberta.
- Acredita que o desenvolvimento de novos produtos é parte crucial para a estratégia da empresa.
- É muito inteligente, o ato de pensar é o diferencial de sua abordagem empreendedora.
- Usa a inteligência como vantagem competitiva.
- Deseja evitar tarefas muito arriscadas.

Em relação à maneira de agir nas organizações, os empreendedores também podem assumir diferentes papéis, os quais devem ser estimulados pela organização para que os projetos empreendedores sejam desenvolvidos. Alguns papéis clássicos e indispensáveis são apresentados a seguir.[9] Note que nem sempre os empreendedores corporativos assumem os mesmos papéis nos diferentes projetos de que podem vir a participar, mas suas habilidades pessoais e perfil empreendedor devem ser levados em consideração na definição de seu papel em uma equipe.

**Iniciador:** é aquele que dá início ao processo empreendedor, que identifica a oportunidade, algum problema interno que deve ser resolvido, uma inovação que pode ser obtida etc. Muitos podem ser os iniciadores de projetos, mas geralmente os *champions* (defensores da ideia) ou gerentes é que acabam fazendo isso acontecer.

***Sponsor*** **(apoiador)/facilitador:** são os gerentes seniores, diretores ou outros funcionários de alto escalão, os quais agem como críticos e conselheiros do projeto, ajudando a equipe a conseguir os recursos e até mesmo interferindo e tentando modificar regras internas para que o projeto seja implementado. É o grande protetor do projeto internamente e facilitador do processo.

***Champion*** **(defensor da ideia)/gerente:** é o que lidera e dirige o projeto, que coloca as ideias em prática, define estratégias para superar os obstáculos e leva o projeto para a fase da implementação.

**Aquele que dá suporte:** é o que geralmente se envolve em atividades mais secundárias, porém importantes para a implementação do projeto; o que exerce um papel analítico, faz as pesquisas de mercado, analisa relatórios, usa sua inteligência e experiência para desenvolver e ajudar na implementação dos planos.

**Crítico:** é o advogado do diabo, está sempre analisando questões críticas, identificando pontos fracos, apresenta alternativas para implementação e argumentos para a não implementação de certas ideias, tudo com base em sua experiência e conhecimento do mercado e da empresa.

Os dois papéis mais críticos são o do gerente (*champion*) e o do apoiador (*sponsor*), pois definirão a continuidade ou não do projeto, um tendo a iniciativa de levar o projeto adiante e o outro abrindo caminho para que isso ocorra. Obviamente, outros papéis podem ser exercidos por outros membros da equipe, complementando os aqui apresentados e dando condições ao time de iniciar, desenvolver e concluir o processo empreendedor. Esses papéis dependerão de cada projeto em particular.

Identificar um apoiador e convencê-lo a agir como tal em um projeto talvez seja uma das tarefas mais complicadas no início do processo, mas o iniciador/gerente deverá usar seu poder de persuasão e rede de relacionamento para conquistar um apoiador, já que este será vital para a implementação do projeto. Nem sempre o superior imediato é o apoiador ideal. Por outro lado, deve-se tomar o cuidado necessário para não se conseguir gratuitamente um adversário de peso. Se a estrutura hierárquica da organização for muito forte, é natural que se apresente o projeto inicialmente ao superior imediato. Porém, se a empresa implementar formas de se avaliar e implementar projetos empreendedores que fujam à estrutura hierárquica atual, com mais autonomia, desvinculando os novos projetos da estrutura organizacional atual, isso ajudará bastante na busca de apoiadores, não causando situações em que o ego pode prejudicar as inovações a serem implementadas.

O apoiador assume ainda um importante papel de protetor do empreendedor corporativo e sua equipe, sendo aquele que defenderá a equipe em caso de fracasso, perante a alta cúpula da organização. Isso só ocorrerá, entretanto, se o apoiador acreditar na viabilidade do projeto e no potencial da equipe, caso contrário, não arriscará o próprio cargo para defender outros. E, finalmente, ao selecionar um apoiador não se deve esquecer de levar em consideração alguns aspectos, como os apresentados a seguir:[10]

- Como é seu trânsito dentro da organização, se é bem relacionado e visto de forma respeitosa pelos outros.
- Se é uma pessoa que tem sido desafiada e mesmo assim levou projetos inovadores adiante.
- Se já atingiu *status* suficiente na organização e não vê o projeto como uma forma de se autopromover.
- Se ele/ela tem o poder de tomar ou influenciar a tomada de decisões na organização.
- Se ele/ela é uma pessoa conhecedora do sistema corporativo e de como as decisões são tomadas e implementadas na organização.
- Se ele/ela é uma pessoa comprometida com os projetos nos quais se envolve e procura focar suas ações, buscando resultados.

## Alguns mitos sobre os empreendedores corporativos

Existem vários mitos a respeito dos empreendedores, mas três em especial são especialmente interessantes para o caso dos empreendedores corporativos.

### Mito 1: Empreendedores são natos, nascem para o sucesso

*Realidade:*

- Enquanto a maioria dos empreendedores nasce com certo nível de inteligência, empreendedores de sucesso acumulam relevantes habilidades, experiências e contatos com o passar dos anos.
- A capacidade de ter visão e perseguir oportunidades aprimora-se com o tempo.

**Mito 2: Empreendedores são "jogadores" que assumem riscos altíssimos**

*Realidade:*

- Tomam riscos calculados.
- Evitam riscos desnecessários.
- Compartilham o risco com outros.
- Dividem o risco em "partes menores".

**Mito 3: Os empreendedores são "lobos solitários" e não conseguem trabalhar em equipe**

*Realidade:*

- São ótimos líderes.
- Criam times/equipes.
- Desenvolvem excelente relacionamento no trabalho com colegas, parceiros, clientes, fornecedores e muitos outros.

## A criatividade a serviço do empreendedor corporativo

A criatividade é algo muito presente na maioria dos empreendedores. Isso não significa que uma pessoa que se considera pouco criativa não possa vir a ser empreendedora. Empreendedores são curiosos e, pelo fato de sempre estarem atentos ao que ocorre à sua volta, acabam identificando oportunidades e tendo ideias criativas. Muitas vezes, acabam identificando oportunidades sobre ideias de outros, que são criativos, mas não necessariamente empreendedores. Como já foi mencionado, melhor que ser a pessoa de ideias apenas, é ser a pessoa que traz resultados por meio das ideias próprias ou das ideias de outros. O fazer acontecer, implementar e colocar em prática as ideias é o que se espera dos empreendedores. Os maiores empreendedores são admirados não apenas pelo que criaram, mas por terem feito algo grandioso com aquilo que vislumbraram antes que outros o fizessem. De qualquer forma, a prática da criatividade é essencial para que a identificação de oportunidades se dê com mais frequência. Não existem regras para uma pessoa se tornar mais criativa e não existem pessoas que não são criativas. Todos têm algo de criativo e em alguns a criatividade parece estar mais presente que em outros. Isso depende de vários fatores, não só pessoais, mas do ambiente em que a pessoa vive, o qual influencia seu comportamento.

Em certas organizações, as quais são extremamente burocratizadas e com regras para se fazer qualquer atividade, a criatividade acaba sendo minada. Isso com certeza influencia o potencial criativo das pessoas. Nos apêndices, existem testes sobre o perfil empreendedor, de trabalho em equipe e um sobre o potencial criativo, o qual avalia a perspectiva da pessoa e ainda a influência de seu ambiente, ou seja, se a organização em que trabalha oferece condições para as pessoas exercerem sua criatividade. O teste é realizado sempre sob a ótica de quem o está respondendo, ou seja, sob a perspectiva do leitor. A criatividade pode se expressar de várias formas nas organizações. Miller[11] argumenta que as pessoas geralmente não reconhecem ou não percebem quando estão sendo criativas. Ele ainda sugere que o caminho para a criatividade começa pelo reconhecimento das várias formas pelas quais alguém pode ser criativo, como apresentado no Quadro 6.5.

O pensamento criativo refere-se então a formas diferentes como as pessoas abordam os problemas, propondo soluções diferentes para resolvê-los, envolvendo técnicas novas ou mesmo as usuais empregadas de forma distinta. Quanto mais a organização enfatiza a necessidade do pensamento criativo para a busca da inovação, da mudança, do fazer diferente, desafiando seus funcionários a praticarem e agirem de forma criativa, maior será a probabilidade de isso ocorrer. Por outro lado, isso significa liberdade de agir e acesso a recursos, algo difícil para a maioria das organizações. Esse é o grande dilema de se querer manter os criativos na organização, sem oferecer-lhes os recursos necessários para implementar suas ideias ou mesmo para apresentar suas ideias. Os principais bloqueios para o pensamento criativo nas organizações parecem até piada, mas são muito comuns na maioria delas. Alguns exemplos são apresentados no Quadro 6.6.

QUADRO 6.5  Maneiras pelas quais as pessoas podem ser criativas nas organizações

| | |
|---|---|
| Ideia criativa | Quando se pensa em uma nova ideia ou conceito, tais como um novo produto, serviço ou uma nova maneira de se resolver um problema. |
| Criatividade material | A invenção ou criação de algo tangível, como um novo produto, um comercial, um relatório etc. |
| Criatividade organizacional | Quando se propõem novas formas de se organizar e estruturar as coisas, pessoas, processos. Mudanças de políticas, regras e formas de se desenvolver os trabalhos em equipe, por exemplo. |
| Criatividade de relacionamento | Abordagens inovadoras para se atingir melhores resultados de relacionamento, colaboração, cooperação, tentando obter relações ganha-ganha com os outros. |
| Evento criativo | É a organização de um evento ou cerimônia de premiação de pessoas na organização, reuniões anuais etc. Formas alternativas de se colocar grupos opositores trabalhando em conjunto. A criatividade pode se dar pelas maneiras que se propõem às pessoas trabalhar ou desenvolver algo em conjunto. |
| Criatividade de comportamento | Pensar em resolver problemas de outros de forma alternativa, estando aberto a novas formas de pensar e agir: olhar as coisas de forma diferente e tentar entender outras perspectivas. |
| Criatividade espontânea | Agir de forma intuitiva e espontânea, por exemplo, quando é apresentada uma resposta ou resolução para um problema em uma reunião, uma abordagem assertiva e inesperada para fechar uma venda, um discurso improvisado e efetivo etc. |

QUADRO 6.6  Bloqueios que impedem a criatividade[12]

| | |
|---|---|
| "A resposta certa" | A falácia de que sempre há uma e apenas uma solução correta para determinado problema. |
| "Isso não tem lógica" | A crença de que sempre deve existir lógica na resolução de todos os problemas limita a criatividade. |
| "Seja prático" | O senso de praticidade pode impedir as pessoas de buscarem soluções alternativas. |
| "Siga as regras" | É ignorar o fato de que as mais revolucionárias inovações surgiram justamente da quebra de regras, crenças e paradigmas. |
| "Evite a ambiguidade" | Estar restrito a apenas uma perspectiva em determinada situação. |
| "Errar é fracassar" | É não enxergar a conexão entre erro e inovação: quando você falha, aprende sobre o que não funciona e pode promover ajustes para tentar uma alternativa. |
| "Essa não é minha área" | Restringir a criatividade por meio do pensamento exclusivo sobre as atividades de determinada área na empresa. |
| "Não seja tolo" | Tendência de evitar o pensamento não convencional para não parecer tolo perante os colegas. |
| "Eu não sou criativo" | É o pior bloqueio: achar-se sem talento e inteligência. Todas as pessoas podem ser criativas e buscar oportunidades. |

Para se buscar a criatividade individual, as pessoas precisam, em primeiro lugar, estar abertas ao novo, não colocar restrições em tudo o que fazem ou com o qual se relacionam, buscar novas perspectivas para as coisas. Precisam ainda tentar mudar seus hábitos, mesmo que por apenas algumas vezes no mês ou no ano, tentar fugir da rotina. Coisas simples, como ler novos jornais, diferentes publicações, mesmo que não estejam direta ou aparentemente relacionadas ao seu trabalho, poderão trazer muitas ideias criativas para qualquer um. Criatividade e simplicidade andam juntas. Tente ainda acordar em horários diferentes, mudar a rotina diária, assistir a outros programas de TV, comer outros tipos de comida, conversar e conhecer novas pessoas, enfim, estar com a mente aberta para novas ideias. Como este autor costuma falar em suas palestras: "Tente fugir da inércia intelectual que persegue a todos nós. Comece agora." Faça o seguinte teste e depois reflita a respeito do resultado.

**Teste sua criatividade**
1. Inicialmente, pegue uma folha de papel em branco e um lápis ou caneta.
2. Desenhe um círculo completo nesse papel.
3. Faça um ponto dentro do círculo.
4. Agora, passe uma reta sobre o círculo, dividindo-o em duas partes.
5. Em cada uma das partes escreva o nome de uma flor diferente.
6. Peça a outros para fazerem o mesmo teste e compare o seu resultado com os dos demais colegas.

Obs.: Veja os comentários sobre este teste nas notas deste capítulo.[13] Mas, antes, faça o teste!

## Desenvolva seu plano empreendedor pessoal

Agora que você já conhece definições para o termo "empreendedorismo" (*startup* e corporativo) e o que envolve o processo empreendedor, é momento de pensar e desenvolver seu próprio plano empreendedor.

**Desenvolvendo seu plano empreendedor**

**Passo 1: Faça uma autoanálise**
a) Com base na definição de empreendedorismo e de tudo o que você leu até o momento, analise suas habilidades empreendedoras mais marcantes (use como referência os exercícios de análise do perfil empreendedor que se encontram nos apêndices do livro). Abaixo, destaque as principais.

> b) O que você precisa fazer para aprimorar ou desenvolver um comportamento mais empreendedor?
>
> **Passo 2: Observe seu local de trabalho**
>
> a) Quão empreendedora é sua organização e sua equipe de trabalho? Com que ênfase sua organização e sua equipe de trabalho assumem riscos e buscam recompensar a inovação? Quanto de autonomia você tem em seu local de trabalho?
>
> b) Que mudanças você pode exercer pessoalmente buscando criar um ambiente mais empreendedor em sua organização?
>
> **Passo 3: Crie seu plano de ação**
>
> Escreva um plano de ação para que você adquira um comportamento mais empreendedor e para que sua organização possua um ambiente mais empreendedor.

## Os dez mandamentos do empreendedor corporativo

Propostos por Pinchot,[14] os dez mandamentos do empreendedor corporativo acabam sendo conselhos e um pouco de sátira ao sistema corporativo, ficando sua interpretação a critério do leitor/empreendedor. Cuidado com o conselho número 4: entenda o recado! Como você chegou até aqui, com certeza entenderá.

1. Faça o trabalho que for necessário para que seu projeto dê certo, independentemente de sua função/cargo na empresa.
2. Compartilhe os créditos do sucesso.
3. Lembre-se: é mais fácil pedir perdão do que permissão.
4. Venha trabalhar cada dia querendo ser demitido!
5. Peça conselho antes de pedir recursos.
6. Siga sua intuição a respeito das pessoas; construa um time composto dos melhores.
7. Prepare-se antes de divulgar sua ideia; publicidade prematura não é imune ao sistema corporativo.

8. Nunca aposte uma corrida da qual não esteja participando!
9. Seja verdadeiro com suas metas, mas realista sobre as formas de atingi-las.
10. Honre seus superiores, a organização, seus patrocinadores!

## Capítulo 7

# Identificando, avaliando e implementando novas oportunidades de negócios

## Ideias *versus* oportunidades

Talvez um dos maiores mitos a respeito de novas ideias de negócios é que elas devam ser únicas. O fato de uma ideia ser ou não única não importa. O que importa é como as empresas, por meio de seus empreendedores corporativos, utilizam uma ideia, inédita ou não, de forma a transformá-la em um produto ou serviço que as faça prosperar. As oportunidades é que geralmente são únicas, pois a empresa pode ficar vários anos sem observar e aproveitar uma oportunidade de desenvolver um novo produto, ganhar um novo mercado ou estabelecer uma parceria que a diferencie de seus concorrentes. Uma empresa pode buscar novas ideias devido a vários fatores, entre os quais se destacam os seguintes propósitos:

- Necessidade de crescimento.
- Existência de *gaps* (espaços, lacunas não preenchidas) no mercado.
- Necessidade de melhorar a *performance* financeira.
- Necessidade de conquistar novos clientes, por meio de novos produtos.
- Necessidade de inovação.

A necessidade de inovação pode ser traduzida em criar algo diferente, como foi bastante enfatizado no Capítulo 4. Essa criação pode ser tanto incremental quanto radical, como mostra a Figura 7.1. A inovação radical é a criação de uma nova linha de negócio – para a empresa e o mercado. "Nova linha" pode se referir tanto a produto quanto o processo, tanto com características de *performance* sem precedentes ou mesmo com características já familiares que ofereçam de 5 a 10 vezes (ou mais) em melhoria de *performance* ou de 30-50% em redução de custos. Partindo dessa definição, pode-se dizer que o computador pessoal foi uma inovação radical, descontínua, mas muitas de suas melhorias subsequentes não foram, ou melhor, foram melhorias...

**Tipos de ideias**

**Incrementais**
- Mais próximas das competências-chave da empresa
- Baixo risco
- Baixo retorno

**Radicais**
- Além das competências-chave da empresa
- Alto risco
- Alto retorno

FIGURA 7.1   Atributos de ideias incrementais e radicais.

Para que as ideias floresçam na organização e se transformem em oportunidades, deve-se criar um ambiente corporativo propício ao surgimento de novas ideias. Isso ocorre em organizações que priorizam o empreendedorismo corporativo. Assim, para se ter um ambiente interno de geração de ideias, são necessárias duas características:

1. Desenvolvimento de uma estrutura para o empreendedorismo.
2. Ter as pessoas certas.

O ambiente empreendedor deve estar presente em toda a corporação, em todos os níveis. Para isso, as pessoas devem ser encorajadas a agir como empreendedoras, e a organização deverá:

- Prover tempo e recursos.
- Incentivar o pensamento criativo.
- Enfatizar ideias passadas que viraram oportunidades.
- Tolerar falhas!

O desenvolvimento de uma estrutura para o empreendedorismo corporativo passará necessariamente por uma reestruturação da organização que vise à identificação, avaliação e captura de oportunidades (estágio posterior ao da identificação de ideias). Para isso, faz-se necessário:

- Organizar a geração e o armazenamento das oportunidades (banco de dados, reuniões periódicas etc.).
- Rever processos ou estrutura formal e/ou informal.
- Definir meios de recompensar ou incentivar a geração de ideias.
- Fazer com que tais políticas sejam parte da cultura da organização.
- Incentivar o aprendizado.

Ter as pessoas certas significa ter na corporação pelo menos dois tipos de pessoas (ambos empreendedores corporativos):

- O líder empreendedor (criativo, gerador das ideias).
- O gerente (executa, incentiva os pensadores criativos, facilita o processo, complementa o time).

É sempre importante que o empreendedor corporativo teste suas ideias ou novos conceitos para o negócio da organização junto aos clientes em potencial, empreendedores mais experientes (conselheiros), colegas de trabalho etc., antes que a paixão pela ideia cegue sua visão analítica do negócio. Uma ideia sozinha não vale nada. Em empreendedorismo, elas surgem diariamente. O que importa é saber desenvolvê-la, implementá-la e contribuir para o sucesso da organização. O que conta não é ser o primeiro a pensar e ter uma ideia revolucionária, mas o primeiro a identificar uma necessidade de mercado e saber como atendê-la, antes que outros o façam. Uma ideia isolada não tem valor se não for transformada em algo viável de implementar, visando atender a um público-alvo que faz parte de um nicho de mercado mal explorado. Isso é detectar uma oportunidade.

Não significa que uma ideia revolucionária não seja capaz de dar início a novas áreas de negócio para a empresa, pois até pode levar a empresa a criar outra empresa para implementá-la. Porém, isso só ocorre quando o empreendedor por trás da ideia conhece o mercado no qual está atuando, tem visão de negócio e sabe ser pragmático no momento adequado, reconhecendo suas deficiências, protegendo sua ideia e conhecendo a concorrência da organização em que atua.

Se você tem uma ideia que acredita ser interessante e que pode transformar o ambiente de negócios de sua empresa, pergunte a si próprio, a seus colegas de trabalho e a seus superiores: Quais são os clientes que comprarão esses produtos ou serviços? Qual o tamanho atual do mercado em reais e em número de clientes? O mercado está em crescimento, estável ou estagnando? Quem atende a esses clientes atualmente, ou seja, quem são os concorrentes? Se você e seus colegas não conseguirem responder a essas perguntas básicas iniciais com dados concretos, vocês têm apenas uma ideia, e não uma oportunidade de mercado.

## Avaliando uma oportunidade

Saber se uma oportunidade realmente é tentadora não é fácil, pois estão envolvidos vários fatores, entre eles o conhecimento do assunto ou ramo de atividade em que a oportunidade está inserida, seu mercado, os diferenciais competitivos do produto/serviço para a empresa etc. Antes de partir para análises estratégicas e financeiras detalhadas, definição de processos de produção, identificação de necessidades de recursos financeiros e pessoais, ou seja, antes da concepção de um plano de negócios completo, o empreendedor corporativo deve avaliar a oportunidade que tem em mãos, para evitar despender tempo e recursos em uma ideia que talvez não agregue tanto valor ao negócio. Resumindo, o empreendedor não deve colocar a "carroça na frente dos bois" e deve focalizar a oportunidade correta! Mas como identificar e selecionar a melhor oportunidade?

Qualquer oportunidade deve ser analisada, pelo menos, sob os seguintes aspectos:

1. A qual mercado ela atende?
2. Qual retorno econômico ela proporcionará?
3. Quais são as vantagens competitivas que ela trará ao negócio?
4. Qual é a equipe que transformará essa oportunidade em algo rentável?
5. Quanto o empreendedor e a corporação estão comprometidos com o negócio?

O Quadro 7.1 sugere um guia com alguns dos principais aspectos aos quais o empreendedor deve estar atento na avaliação de uma oportunidade. Os critérios possibilitam uma análise quantitativa do grau de atratividade da oportunidade em relação ao mercado, questões de análise econômica, vantagem competitiva, habilidades e experiência das pessoas envolvidas com o negócio. Não existe uma regra para definir se a oportunidade é boa ou ruim, mas, a partir desse guia, o empreendedor poderá tirar suas próprias conclusões e continuar ou não a explorar a oportunidade identificada.

QUADRO 7.1  Critérios para avaliar oportunidades[1]

| | ATRATIVIDADE | |
|---|---|---|
| Critério | Alto potencial | Baixo potencial |
| **Mercado** | | |
| Necessidades dos clientes | Identificadas, receptivas, atingíveis | Sem foco, leal a outros produtos |
| Valor gerado aos usuários | Alto | Baixo |
| Ciclo de vida do produto/serviço | Período que permite recuperar investimento e obter lucro | Muito rápido e não permite recuperar investimento e obter lucro |
| Estrutura do mercado | Competição não consolidada ou mercado emergente | Competição consolidada ou mercado maduro, ou ainda mercado em declínio |
| Tamanho do mercado | Vendas acima de R$ 50 milhões anuais e poucos *players* | Desconhecido ou com vendas menores que R$ 10 milhões anuais |
| Taxa de crescimento do mercado | 30 a 50% ao ano ou mais | Menor que 10% ao ano ou decrescendo |
| Participação possível no mercado | Ser líder, 20% ou mais | Menor que 5% |
| **Análise Econômica** | | |
| Lucros depois de impostos | 10 a 15% ou mais, com perspectiva duradoura | Menor que 5%, frágil |
| **Tempo para:** | | |
| Ponto de equilíbrio | Menos de 2 anos | Mais que 3 anos |
| Fluxo de caixa positivo | Menos de 2 anos | Mais que 3 anos |
| Retorno potencial sobre o investimento | 25% ao ano ou mais | 15 a 20% ou menos |
| Necessidade de capital inicial | Baixa a moderada | Altos investimentos |

**QUADRO 7.1** Critérios para avaliar oportunidades (Continuação)

| Vantagens Competitivas | | |
|---|---|---|
| Custos fixos e variáveis: | | |
| Produção | Menores | Maiores |
| Marketing | Menores | Maiores |
| Distribuição | Menores | Maiores |
| Grau de controle: | | |
| Preços | Moderado a forte | Fraco |
| Custos | Moderado a forte | Fraco |
| Cadeia de fornecedores | Moderado a forte | Fraco |
| Cadeia de distribuição | Moderado a forte | Fraco |
| Barreiras de entrada: | | |
| Alguma regulamentação a favor | Possui ou pode conseguir | Nenhuma |
| Vantagem tecnológica | Possui ou pode conseguir | Nenhuma |
| Vantagem contratual/legal | Possui ou pode conseguir | Nenhuma |
| Redes de contato estabelecidas | Bem desenvolvidas | Limitadas, inacessíveis |
| **Equipe Gerencial** | | |
| Pessoas de equipe | Experientes, competência comprovada | Inexperientes, nunca dirigiram negócio parecido |
| Formação das pessoas | Multidisciplinador, habilidades complementares | Todos com a mesma formação e características |
| Envolvimento com o negócio | Paixão pelo que fazem | Apenas interesse financeiro (remuneração; benefícios etc.) |

## Mercado

Os mercados de maior potencial são os mais atrativos para a criação de novos negócios, pois possibilitam crescimento rápido na participação do produto ou serviço e a possibilidade de se estabelecer uma marca forte, já que há demanda por parte dos consumidores. Outros aspectos a serem considerados referem-se à concorrência, que em mercados em crescimento também estão buscando seu espaço, não havendo predominância de um ou outro concorrente, tendo oportunidades para empresas criativas e bem planejadas atingirem o sucesso rapidamente. Há ainda a possibilidade de retornos significativos sobre o que foi investido e a possibilidade clara de se atingir a liderança do mercado, conquistando os consumidores, nos casos em que os concorrentes se encontram em um mesmo patamar inicial, sem muitos diferenciais competitivos.

Uma estratégia acertada pode colocar a empresa rapidamente à frente dos demais competidores, com seus produtos e serviços sendo preferidos pelos clientes.

Deve-se atentar ainda para a estrutura desse mercado, mais especificamente para as seguintes características: o número de competidores; o alcance (capilaridade) dos canais de distribuição desses mesmos competidores; os tipos de produtos e serviços que se encontram no mercado; o potencial de compradores (número de clientes potenciais e quanto consomem, com que periodicidade, onde costumam comprar, quando e como); as políticas de preços dos concorrentes etc.

## Análise econômica

É importante que se faça uma criteriosa análise das reais possibilidades de retorno econômico do novo projeto ou negócio, pois não adianta simplesmente ser líder de mercado se o retorno financeiro não compensar o esforço empreendido. Às vezes é preferível ser o segundo ou o terceiro em outro mercado que traga mais compensação financeira do que ser líder em um mercado com estrutura cara, altos custos de manutenção e pequenos lucros.

Normalmente, quando se analisa o retorno financeiro sobre o investimento, deve-se tomar algumas referências comparativas para se chegar à conclusão de implementar um novo projeto ou área de negócio. Nesses casos, toma-se como referência o mercado financeiro, no qual atualmente é possível obter retornos sem muito risco, da ordem de 10% anuais no Brasil. Aí, a decisão de investir em negócios que proporcionam retornos menores fica prejudicada, o que não significa dizer que o mercado sob análise é decadente. Talvez seja necessário rever a estrutura da empresa e seus custos, otimizar seus processos produtivos, as projeções de vendas etc.

## Vantagens competitivas

Vantagens competitivas estão necessariamente ligadas aos diferenciais que proporcionam um ganho para o consumidor. Isso pode ocorrer por meio de um custo menor de produção, estruturas enxutas, criatividade no processo de obtenção do produto, que, ao final, levam a um produto ou serviço de menor custo e, consequentemente, menor preço final. Nesse caso, o diferencial está sendo o menor custo. Por outro lado, a empresa pode deter um conhecimento de mercado muito superior à concorrência, o que lhe permite monitorar e controlar as tendências desse mercado, antecipando-se aos competidores e sempre trazendo novidades que atendam aos anseios de seus consumidores, estabelecendo sua marca e fortalecendo sua presença na mente dos clientes.

Uma empresa líder de mercado, com participações muito acima dos demais concorrentes, por exemplo, 40%, 60% ou mais, geralmente consegue determinar as prioridades de seus fornecedores e distribuidores, exercendo pressão sobre eles, impedindo que a concorrência tenha acesso às mesmas regalias da líder. Essa é uma prática comum em mercados em que uma única empresa é responsável por mais de 50% do mercado. Nesses casos, os demais competidores tendem a ser mais criativos e inovadores que a líder, pois buscam alternativas para conquistar mais uma fatia do mercado.

As barreiras de entrada para novos competidores e até para os competidores atuais constituem uma grande vantagem competitiva que a empresa deve saber aproveitar. Uma regulamentação governamental, uma concessão, um contrato de longo prazo com um grande comprador, acordos com fornecedores e distribuidores são exemplos de barreiras de entrada que deixam a empresa em situação cômoda perante a concorrência, pois está protegida dos competidores. Uma patente de um produto de alta tecnologia também é outro exemplo, pois os concorrentes ou desenvolvem um produto melhor, baseado em outra tecnologia, o que não é simples, ou pagam *royalties* ao detentor da patente.

## Equipe gerencial

De nada adianta identificar uma oportunidade, criar um protótipo de um produto, o mercado ser espetacular e promissor, a empresa ter um bom plano de negócios, se sua equipe não estiver à altura do desafio. A experiência prévia dos executivos conta muito, pois pode evitar muitos erros e gastos desnecessários, bem como agregar um conhecimento singular aos novos projetos.

Outro fator que deve ser considerado é a formação da equipe. Se os membros da equipe tiverem formação eclética, multidisciplinar, será um grande diferencial, pois a equipe nesse caso estará sendo composta de perfis com habilidades complementares. Porém, de nada adianta a equipe ter todas essas características se as pessoas estiverem envolvidas nos novos projetos corporativos apenas atrás das compensações financeiras, sem paixão e orgulho pelo que estão fazendo. Nesse caso, o rendimento não será o mesmo, o envolvimento poderá ser superficial e não haverá muita preocupação com a utilização dos recursos disponíveis.

## Selecionando as melhores oportunidades

Após fazer a avaliação inicial da oportunidade, deve-se selecionar as melhores oportunidades que serão implementadas pela empresa. Trata-se de uma tarefa tão difícil como a de ter novas ideias e saber se existe uma oportunidade relacionada à ideia. O que se propõe aqui é um complemento ou outra maneira de se avaliar uma oportunidade, a aplicação dos 3 Ms à oportunidade,[2] como mostra a Figura 7.2. Os 3 Ms podem ser aplicados antes ou depois dos critérios listados no Quadro 7.1, mas recomenda-se que ambos sejam aplicados a qualquer ideia para saber se, primeiro, trata-se de uma oportunidade e, segundo, quais oportunidades são as mais interessantes para a organização.

Ao analisar o primeiro "M", **demanda de mercado**, o empreendedor corporativo deve procurar responder às seguintes questões:

- Qual é a audiência-alvo?
- Qual é a durabilidade do produto/serviço no mercado (ciclo de vida)?
- Os clientes estão acessíveis (canais)?
- Como os clientes veem o relacionamento com a empresa (valor agregado)?
- O potencial de crescimento é alto (>10%, 15%, 20% anual)?
- O custo de captação do cliente é recuperável no curto prazo (< 1 ano)?

**Os 3 Ms**

- Demanda do Mercado
- Tamanho e estrutura do Mercado
- Análise de Margem

FIGURA 7.2   Avaliando e selecionando oportunidades com os 3 Ms.

O segundo "M", **tamanho e estrutura do mercado**, está relacionado a outras questões críticas, listadas a seguir.

- O mercado está crescendo, é emergente? É fragmentado?
- Existem barreiras proprietárias de entrada? Ou excessivos custos de saída? Você tem estratégias para transpor essas barreiras?
- Quantos *key players* (competidores/empresas-chave) estão no mercado? Eles controlam a propriedade intelectual?
- Em que estágio do ciclo de vida está o produto? (Risco depende também do ciclo de vida e maturidade do produto.)
- Qual é o tamanho do mercado em reais e o potencial para se conseguir um bom *market share* (participação de mercado)?
- E o setor, como está estruturado?
    - poder dos fornecedores
    - poder dos compradores
    - poder dos competidores
    - e os substitutos?
- Como a indústria está segmentada, quais são as tendências, que eventos influenciam os cenários?

Finalmente, ao "M" de **análise de margem** aplicam-se as seguintes atividades:

- Determine as forças do negócio
- Identifique as possibilidades de lucros (margem bruta > 20%, 30%, 40%?)
- Analise os custos (necessidades de capital), *breakeven* (ponto de equilíbrio), retornos...
- Mapeie a cadeia de valor do negócio
- Para isso, você deverá saber como seu produto/serviço chega até o cliente final.

Isso ajudará você a entender a sua cadeia de valor e a de seus competidores, permitindo-lhe tomar decisões e implementar ações voltadas para resultados, tais como:

- Cortar custos.
- Remodelar os processos internos.
- Atingir maiores margens.

Os 3 Ms são abrangentes e envolvem questões críticas que, se respondidas e bem entendidas, com certeza serão úteis na avaliação e seleção das melhores oportunidades para a empresa. Em resumo, o que se busca ao responder a essas questões é a resolução de problemas corporativos. Um *checklist* final é sempre interessante de ser aplicado. Aliás, aconselha-se sua aplicação logo no início da avaliação, quando se está formatando a oportunidade. As questões são simples, como mostra o Quadro 7.2. Porém, as respostas nem sempre são fáceis de se obter.

QUADRO 7.2  *Checklist* final de avaliação de oportunidades

**CHECKLIST FINAL: QUESTÕES CRÍTICAS**
- Existe um problema para ser resolvido?
- Existe um produto ou serviço que solucionará esse problema?
- É possível identificar com clareza os clientes potenciais?
- Será possível implantar efetivamente uma estratégia de marketing/vendas que seja exequível? (custo/retorno)
- A janela da oportunidade está aberta?

Após selecionar as principais oportunidades e verificar se elas estão adequadas às competências-chave da organização, o empreendedor deverá partir para o planejamento de sua "venda" dentro da empresa, ou seja, convencer pessoas-chave e superiores de que a oportunidade realmente é atrativa. E, após a aprovação, deve-se planejar a implementação da oportunidade. Para ambas as atividades, o plano de negócios acaba sendo a melhor ferramenta do empreendedor corporativo. Os conceitos que envolvem o plano de negócios, estruturas mais usuais, modelos, como preparar um e as várias utilidades do plano de negócios serão discutidos no próximo capítulo.

## Desenvolvendo um banco de oportunidades

Algumas oportunidades requerem novos recursos, novos ativos e investimentos para serem implementadas. Outras requerem um rearranjo e novas formas de se utilizar os recursos atuais. Essas novas características requeridas incluem as habilidades e as competências das pessoas, e talvez patentes etc., que permitirão à empresa competir de forma mais eficaz em seu mercado e aumentar seu valor. O fato é que em alguns casos certas oportunidades acabam não sendo implementadas na organização por questões situacionais, de momento, de mercado, de falta de estrutura ou recursos ou porque a janela da oportunidade não estava aberta. Isso não significa que uma oportunidade não aprovada no passado não seja útil no futuro. Pode ocorrer ainda que determinada área da empresa descubra ou desenvolva produtos ou processos inovadores, porém não diretamente ligados à área. Esses produtos ou processos podem ser descartados pela área, mas poderiam estar totalmente adequados a outra(s) área(s) da empresa, outra fábrica, outro mercado etc. Isso pode ocorrer nos casos de grandes empresas, com várias plantas, localizadas em vários países, e com setores de pesquisa e desenvolvimento descentralizados.

A comunicação é parte chave do processo para que se aproveite tudo o que a empresa tem criado e para que todos na organização, sem exceções, tenham acesso às informações. Uma ferramenta simples e que pode ser muito efetiva para evitar esses problemas é a criação de um banco de oportunidades, em que todas as oportunidades que tenham sido analisadas na empresa (e que tenham sido aprovadas ou não) são catalogadas contendo seus principais atributos. Parece simples demais para ser efetiva, mas funciona muito bem. Exemplos de empresas que têm usado esse conceito de banco de dados de oportunidades são Procter & Gamble, Intel, 3M, Algar, Google, entre outras. Para que se tenha um banco de oportunidades atualizado e que seja utilizado por todos na organização, seguem alguns conselhos importantes:

- Procurar sempre registrar as ideias/oportunidades passadas que não foram implementadas na organização.
- Estimular os funcionários para identificar necessidades e sugerir soluções; prover tempo para que se dediquem a essas atividades.
- Promover reuniões periódicas, *workshops*, eventos etc., com equipes complementares visando à geração de ideias.
- Instituir uma política de recompensa/reconhecimento pela geração de ideias e implementação de oportunidades.
- Criar um minifundo de capital de risco interno da organização para fomentar projetos em estágio inicial de desenvolvimento, provendo recursos suficientes para se testar a ideia e analisar a viabilidade de

sua implementação (ou seja, responder à pergunta: A ideia pode ser uma oportunidade?).

- Promover eventos internos para avaliação das oportunidades (competições de planos de negócios, concursos de *elevator speech* – o *elevator speech* será explicado e abordado em detalhes no próximo capítulo – e premiação das melhores ideias).

Como sugestão final, utilize o roteiro a seguir (Figura 7.3) sempre que precisar catalogar uma oportunidade e avaliar seu potencial, levando em consideração o modelo de processo empreendedor de Timmons. É um passo inicial para começar a agir de forma empreendedora em sua organização, buscando a inovação e a gestão da mudança.

**Avaliação de oportunidades usando o modelo de Timmons Processo Empreendedor**

Comunicação

Oportunidade — Recursos

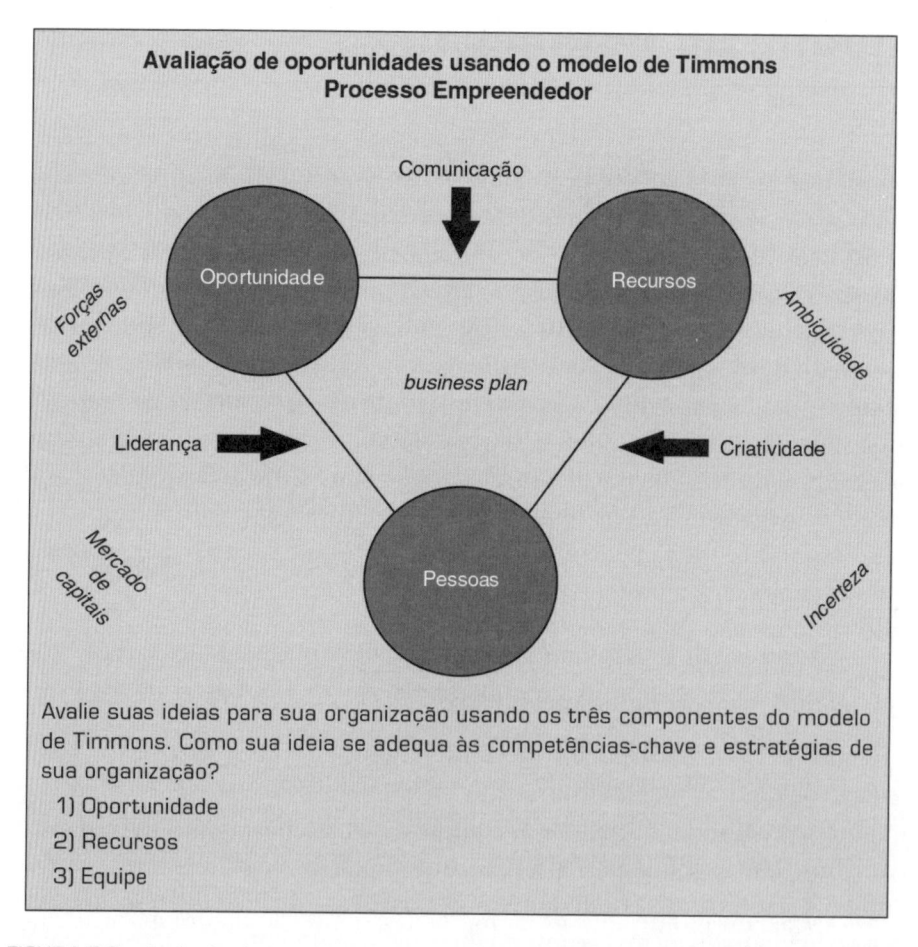

Forças externas

Ambiguidade

business plan

Liderança ➡ ⬅ Criatividade

Pessoas

Mercado de capitais

Incerteza

Avalie suas ideias para sua organização usando os três componentes do modelo de Timmons. Como sua ideia se adequa às competências-chave e estratégias de sua organização?
1) Oportunidade
2) Recursos
3) Equipe

FIGURA 7.3  Avaliação de oportunidades usando o modelo de Timmons Processo Empreendedor.

## Capítulo 8

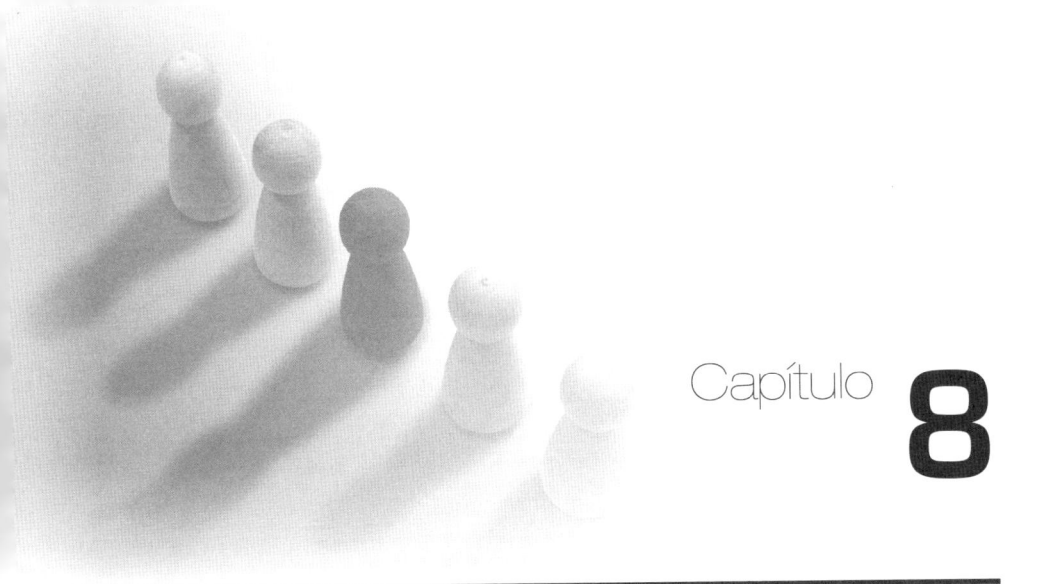

# O plano de negócios

Após identificação, análise e decisão de se explorar uma oportunidade, o próximo passo a ser dado pelo empreendedor corporativo é o desenvolvimento de um plano de negócios, que lhe ajudará no planejamento das atividades relacionadas ao projeto sob análise. O plano de negócios pode ser considerado, sem dúvida, como a principal ferramenta do empreendedor, independentemente do tipo de projeto ou negócio em questão. Essa ferramenta se aplica ao empreendedorismo de *startup*, ao empreendedorismo social e ao empreendedorismo corporativo. A diferença é que no empreendedorismo corporativo o plano de negócios deverá sempre levar em consideração as estratégias de negócio da organização, se a oportunidade casa com o que a organização está fazendo ou pretende fazer, como incorporar o projeto dentro da corporação atual ou como será feita a criação do novo negócio. Os demais aspectos são muito similares ao planejamento de qualquer outro negócio ou projeto. E, ainda, como foi visto no modelo de Timmons, o plano de negócios é parte fundamental do processo empreendedor.

Com o plano de negócios, o empreendedor traduzirá os vários passos necessários para a implementação do projeto ou novo negócio em um documento que sintetize e explore as suas potencialidades, bem como os riscos envolvidos. Isso é o que se espera de um plano de negócios: que seja uma ferramenta para o empreendedor expor suas ideias em uma linguagem que os leitores do plano de negócios entendam e, principalmente, que mostre viabilidade e probabilidade de sucesso em seu mercado. O plano de negócios é uma ferramenta que se aplica tanto no lançamento de novos empreendimentos quanto no planejamento de empresas maduras, ou seja, também é útil no caso do planejamento dos negócios e projetos já em andamento.

Uma tradição a ser quebrada é achar que o plano de negócios, uma vez concebido, pode ser esquecido. Esse é um erro imperdoável, e as consequências serão mostradas pelo mercado que está em constante mutação. A concorrência muda, o mercado muda, as pessoas mudam. E o plano de negócios, sendo uma ferramenta de planejamento que trata essencialmente de pessoas, oportunidades, contexto e mercado, riscos e retornos, também muda. O plano de negócios é uma ferramenta dinâmica e que deve ser atualizado constantemente, pois o ato de planejar é dinâmico e corresponde a um processo cíclico.

Todo plano de negócios deve ser elaborado e utilizado seguindo algumas regras básicas, mas que não são estáticas e permitem ao empreendedor utilizar sua criatividade ou o bom senso, enfatizando um ou outro aspecto que mais interessa ao público-alvo do plano de negócios em questão. No caso das empresas que já se encontram em funcionamento, ele deve mostrar não apenas aonde a empresa quer chegar ou como o projeto colaborará para o sucesso da organização ou situação futura, mas também como a organização se encontra no momento, mostrando os valores dos seus atuais indicadores de desempenho.

Outra característica importante é que ele não deve estar apenas focado no aspecto financeiro. Indicadores de mercado, de capacitação interna da empresa e operacionais são igualmente importantes, pois esses fatores mostram a capacidade da empresa de melhorar seus resultados financeiros no futuro. Resumindo, é importante que o plano de negócios possa demonstrar a viabilidade de se atingir uma situação futura, mostrando como a organização pretende chegar lá. Então, o que o empreendedor precisa é de um plano de negócios que lhe sirva de guia, que seja revisado periodicamente e que permita alterações visando vender a ideia ao leitor desse seu plano de negócios, geralmente seus superiores, diretores e membros do conselho administrativo da organização.

## O que é o plano de negócios?

O plano de negócios é um documento usado para descrever um empreendimento e o modelo de negócios que o sustenta. Sua elaboração envolve um processo de aprendizagem e autoconhecimento, e ainda permite ao empreendedor situar-se no seu ambiente de negócios. As seções que compõem um plano de negócios geralmente são padronizadas para facilitar o entendimento. Cada uma das seções do plano tem um propósito específico. Muitas seções podem ser mais curtas do que outras e até menores do que uma única página de papel. Para chegar ao formato final geralmente são feitas muitas versões e revisões do plano até que esteja adequado ao público-alvo dele. Os aspectos-chave que sempre devem ser focados em qualquer plano de negócios são os seguintes:[1]

1. Em que negócio você está?
2. O que você (realmente) vende?
3. Qual é o seu mercado-alvo?

## Por que você deveria escrever um plano de negócios?

Se toda argumentação exposta até o momento não tiver sido suficiente para convencê-lo da importância de preparar um plano de negócios, seguem alguns argumentos extras. Em primeiro lugar, uma empresa deverá lucrar mais, na média, se planejar adequadamente. De fato, uma pesquisa realizada com ex-alunos de administração da Harvard Business School, nos Estados Unidos, concluiu que o plano de negócios aumenta em 60% a probabilidade de sucesso dos negócios. É óbvio que sempre haverá pessoas de sorte, com sucesso nos negócios, que não usam o plano de negócios, porém serão casos mais isolados. Por meio do plano de negócios, é possível:

- Entender e estabelecer diretrizes para o projeto ou novo negócio.
- Gerenciar de forma mais eficaz e tomar decisões acertadas.
- Monitorar o dia a dia do negócio e tomar ações corretivas quando necessário.
- Conseguir os recursos necessários internamente ou externamente.
- Identificar e avaliar oportunidades e transformá-las em diferencial competitivo para a organização.
- Estabelecer uma comunicação interna eficaz na empresa e convencer o público externo (fornecedores, parceiros, clientes, bancos, investidores, associações etc.).

E por que muitos deixam de escrever um plano de negócios? Se você perguntar a qualquer empreendedor que não tem um plano de negócios qual a razão para não possuir um, com certeza ouvirá pelo menos uma das desculpas a seguir.

- "Não necessito de um".
- "Tenho um em minha cabeça".

- "Não sei como começar".
- "Não tenho tempo".
- "Não sou bom com os números".

Em resumo, o plano de negócios pode ser escrito para atender a alguns objetivos básicos relacionados aos negócios, como apresenta o Quadro 8.1.

QUADRO 8.1 Objetivos de um plano de negócios

**CINCO OBJETIVOS DE UM PLANO DE NEGÓCIOS (PN)**
- Testar a viabilidade de um conceito de negócio.
- Orientar o desenvolvimento das operações e estratégia.
- Atrair recursos financeiros.
- Transmitir credibilidade.
- Desenvolver a equipe de gestão.

## A quem se destina o plano de negócios?

Quais são os públicos-alvo de um plano de negócios? Muitos pensam que o plano de negócios só é destinado aos investidores e bancos, mas se enganam. Vários são os públicos-alvo de um plano de negócios.[2] No caso do empreendedorismo corporativo, pode-se citar:

- Superiores, gerentes de negócios e diretores da organização.
- Para áreas internas da organização: tentando atraí-las para serem parceiras do projeto.
- Setores internos que proveem financiamento para novos projetos.
- Parceiros: para definição de estratégias e discussão de formas de interação entre as partes.
- Bancos: para outorgar financiamentos para equipamentos, capital de giro, imóveis, expansão da empresa etc.
- Fornecedores: para negociação na compra de mercadorias, matéria-prima e formas de pagamento.
- A empresa internamente: para comunicação da gerência com o Conselho de Administração e com os empregados (efetivos e em fase de contratação).
- Os clientes: para venda do produto e/ou serviço e publicidade da empresa.

## Estrutura do plano de negócios

Não existe uma estrutura rígida e específica para se escrever um plano de negócios, pois cada negócio tem suas particularidades e semelhanças, sendo impossível definir um modelo-padrão de plano de negócios que seja universal e aplicado a qualquer negócio. Uma empresa de serviços é diferente de uma empresa que fabrica produtos ou bens de consumo, por exemplo. Porém, qualquer plano de negócios deve possuir um mínimo de seções, as quais proporcionarão um entendimento completo do projeto empresarial ou novo negócio. Essas seções são organizadas de forma a manter uma sequência lógica que permita a qualquer leitor do plano entender como a empresa é organizada, seus objetivos, seus produtos e serviços, seu mercado, sua estratégia de marketing e sua situação financeira. Algumas possíveis estruturas para a confecção de um plano de negócios corporativo são apresentadas a seguir. Cada uma das seções apresentadas deve ser abordada sempre visando à objetividade, sem perder sua essência e os aspectos mais relevantes a ela relacionados.

## Estrutura 1

1. **Capa.** A capa, apesar de não parecer, é uma parte importante do plano de negócios, pois é a primeira parte que é visualizada por quem lê o plano de negócios, devendo ser feita de maneira limpa e com as informações necessárias e pertinentes para se localizar os responsáveis pelo plano.

2. **Sumário.** O sumário deve conter o título de cada seção do plano de negócios e a página em que se encontra, bem como os principais assuntos relacionados em cada seção. Isso facilita ao leitor do plano de negócios encontrar rapidamente o que lhe interessa. Qualquer editor de textos permite a confecção automática de sumários e tabelas de conteúdo e que são bastante apresentáveis.

3. **Sumário executivo.** O sumário executivo é a principal seção do plano de negócios. Por meio do sumário executivo é que o leitor decidirá se continuará ou não a ler o plano de negócios. Portanto, deve ser escrito com muita atenção, revisado várias vezes e conter uma síntese das principais informações que constam no plano de negócios. Deve ainda ser dirigido ao público-alvo do plano de negócios e explicitar qual o objetivo do plano de negócios em relação ao leitor. O sumário

executivo deve ser a última seção a ser escrita, pois depende de todas as outras seções do plano para ser feita.

4. **Análise estratégica.** Nesta seção são apresentados os rumos da organização e como o projeto está inserido dentro desse contexto. Uma boa análise dos ambientes externo e interno é essencial, na qual se observarão as potencialidades e ameaças (riscos), as forças e fraquezas, e se definirão objetivos e metas do projeto ou novo negócio. Esta seção é, na verdade, a base para o desenvolvimento e a implantação das demais ações descritas no plano.

5. **Descrição do projeto/negócio.** Nesta seção, deve-se descrever o negócio, seu histórico, áreas da organização envolvidas, perspectivas de receita e, se for o caso, como tem sido o desempenho dos últimos exercícios fiscais, estrutura e processos de negócio, parcerias etc. Outro aspecto importante aqui é a explicação de como a oportunidade se adequará ao negócio ou negócios atuais da organização.

6. **Produtos e serviços.** Esta seção do plano de negócios é destinada aos produtos e serviços gerados pelo projeto, como são produzidos, recursos utilizados, o ciclo de vida, fatores tecnológicos envolvidos, pesquisa e desenvolvimento, principais clientes atuais, se detém marca e/ou patente de algum produto etc. Nesta seção, pode ser incluída, quando essa informação encontra-se disponível, uma visão do nível de satisfação dos clientes com os produtos e serviços oferecidos. Esse *feedback* é bastante importante, porque pode não apenas oferecer uma visão do nível de qualidade percebida nos produtos e serviços, mas também guiar futuros investimentos da organização em novos desenvolvimentos e novos processos de produção ou mesmo novos projetos de empreendedorismo corporativo.

7. **Plano operacional.** Esta seção deve apresentar as ações que a área ou áreas responsáveis pelo projeto na organização estão planejando em seu sistema produtivo e o processo de produção, indicando o impacto que essas ações terão em seus parâmetros de avaliação de produção. Deve conter informações operacionais atuais e previstas de fatores como *lead time* do produto ou serviço, percentual de entregas a tempo (*on time delivery*), rotatividade do inventário, índice de refugo, *lead time* de desenvolvimento de produto ou serviço etc.

8. **Equipe do projeto.** Aqui devem ser apresentados os principais executivos envolvidos no projeto, ou seja, os empreendedores corporativos: como eles se complementam, de que áreas da empresa são provenien-

tes, como podem contribuir para o projeto, por que são as pessoas adequadas para levar o projeto adiante. E, ainda, como se pretende atrair novos talentos ao projeto, qual a dedicação necessária de cada pessoa, se ficarão dedicados em tempo integral ou parcial, como isso será gerenciado etc. Se for um novo negócio, deve-se levar em consideração ainda aspectos como os planos de desenvolvimento e treinamento de pessoal do novo negócio. Devem ser indicadas as metas de treinamento associadas às ações do plano operacional, as metas de treinamento estratégico, de longo prazo e não associadas diretamente às ações. Aqui também devem ser apresentados o nível educacional e a experiência dos executivos, gerentes e funcionários operacionais, indicando-se os esforços da empresa na formação de seu pessoal.

9. **Análise de mercado.** Na seção de análise de mercado, deve-se mostrar com bastante fundamentação qual é a oportunidade a ser perseguida. Caso os empreendedores tenham feito uma análise de oportunidades, essa tarefa será muito mais fácil, já que os principais aspectos já terão sido analisados. Deve-se apresentar o conhecimento que se tem a respeito do mercado consumidor do seu produto/serviço (por meio de pesquisas de mercado): como está segmentado, o crescimento desse mercado, as características do consumidor e sua localização, se há sazonalidade e como agir nesse caso, análise da concorrência, a sua participação de mercado e a dos principais concorrentes etc.

10. **Estratégia de marketing.** Deve-se mostrar como se pretende vender o produto/serviço que será desenvolvido, como serão conquistados os clientes/consumidores, e o que será feito para manter o interesse deles e aumentar a demanda. Se essa tarefa não for destinada aos responsáveis diretos pelo projeto, mas à área de marketing da organização ou empresa-mãe, isso deve ser explicado e mostrado no plano de negócios. Porém, é importante que os empreendedores se envolvam em todas as discussões que definirão a estratégia de marketing mais adequada ao projeto. Devem-se abordar os métodos de comercialização, diferenciais do produto/serviço para o cliente, política de preços, principais clientes, canais de distribuição e estratégias de promoção/comunicação e publicidade, bem como projeções de vendas.

11. **Plano financeiro.** A seção de finanças deve apresentar em números os resultados do projeto. Deve mostrar a necessidade de investimentos, quando deverão estar disponíveis, onde serão buscados e como serão usados. Deve conter demonstrativo de fluxo de caixa; análise do pon-

to de equilíbrio; demonstrativos de resultados; análise de indicadores financeiros do negócio, como faturamento previsto, margem prevista, prazo de retorno sobre o investimento inicial (*payback*), taxa interna de retorno (TIR) etc.

12. **Anexos.** Esta seção deve conter informações adicionais julgadas relevantes para o melhor entendimento do plano de negócios. Por isso, não tem um limite de páginas ou exigências a serem seguidas. A única informação que não se pode esquecer de incluir é a relação dos currículos dos empreendedores envolvidos. Podem-se anexar ainda informações como fotos de produtos, plantas da localização, roteiros e resultados completos das pesquisas de mercado que foram realizadas, material de divulgação, catálogos, detalhes da campanha publicitária, planilhas financeiras detalhadas etc.

Nas estruturas a seguir, como alguns aspectos e seções são similares à estrutura anterior, será apresentado apenas o roteiro das estruturas de plano de negócios, já que o conteúdo delas deve seguir as regras e sugestões listadas em cada seção da Estrutura 1.

### Estrutura 2 (Plano de Negócios Corporativo – Babson College[3])

1. Sumário executivo
2. Análise de mercado
3. Casando a oportunidade e a organização
4. Plano de marketing
5. Equipe gerencial
6. Plano operacional
7. Plano financeiro
8. Riscos críticos e fatores de sucesso
9. Cronograma, prazos e referências
10. Natureza do acordo e proposta de investimento

### Estrutura 3 (MIT – *Nuts and Bolts of Business Plans* – Joe Hadzima[4])

1. Sumário executivo
2. A oportunidade, a empresa e seus produtos e serviços

3. Pesquisa e análise de mercado
4. Análise econômica do negócio
5. Plano de marketing
6. Plano de desenvolvimento
7. Plano de operações e manufatura
8. Equipe gerencial
9. Cronograma
10. Riscos críticos, problemas e premissas
11. Plano financeiro
12. Apêndices

## Estrutura 4

1. Capa
2. Sumário
3. Sumário executivo
4. Conceito do negócio
    4.1 O negócio/oportunidade
    4.2 O produto/serviço
5. Equipe responsável
6. Mercado e competidores
    6.1 Análise setorial
    6.2 Mercado-alvo
    6.3 Necessidades do cliente
    6.4 Benefícios do produto/serviço
    6.5 Competidores
    6.6 Vantagem competitiva
7. Marketing e vendas
    7.1 Produto

7.2 Preço

7.3 Praça

7.4 Promoção

7.5 Estratégia de vendas

7.6 Projeção de vendas

7.7 Parcerias estratégicas

8. Estrutura e operação

8.1 Organograma funcional (envolvendo todas as áreas da empresa--mãe, se for o caso)

8.2 Processos de negócio

8.3 Fornecedores e parceiros

8.4 Infraestrutura e localização (se for o caso de novos negócios fora da empresa-mãe)

8.5 Tecnologia, patentes etc.

9. Análise estratégica

9.1 Análise SWOT (forças e fraquezas, oportunidades e ameaças)

9.2 Cronograma de implantação

10. Previsões dos resultados econômicos e financeiros

10.1 Evolução dos resultados econômicos e financeiros (projetados)

10.2 Composição dos principais gastos

10.3 Investimentos

10.4 Indicadores de rentabilidade

10.5 Necessidade de investimento e contrapartidas do projeto

10.6 Cenários alternativos

11. Anexos

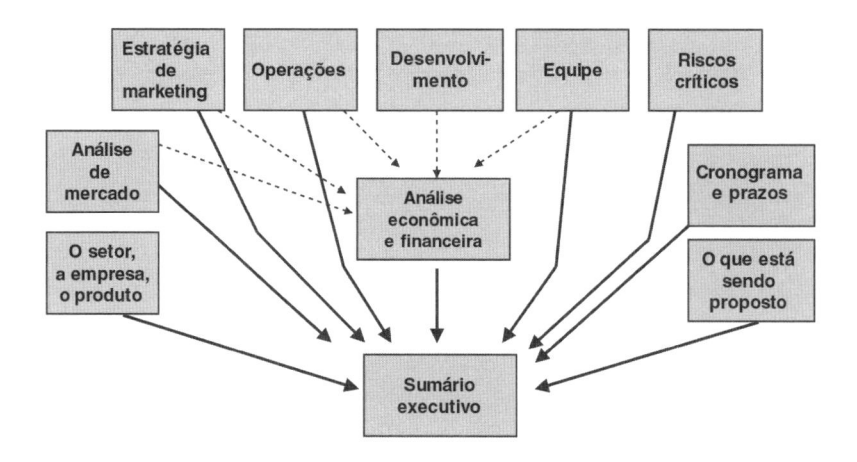

FIGURA 8.1   Estrutura 5 (Babson College – Andrew Zacharakis[5]).

Obs.: para conhecer outras estruturas de planos de negócios, acesse www.josedornelas.com.br/plano-de-negocios. Mais informação sobre o assunto pode ser obtida nos livros *Empreendedorismo, transformando ideias em negócios* e *Plano de negócios, seu guia definitivo*, de José Dornelas.

## O tamanho do plano de negócios

Outra questão muito discutida é sobre qual deve ser o tamanho ideal de um plano de negócios. Não existe um tamanho ideal ou quantidade exata de páginas. O que se recomenda é escrever o plano de negócios de acordo com as necessidades do público-alvo. Porém, é sabido que, no mundo corporativo, tempo é algo escasso. Por isso, objetividade é essencial. O importante é que o plano seja completo e o mais compacto possível, de forma a não perder sua essência e comprometer o entendimento. Como exemplos, encontram-se a seguir descrições de alguns tipos e tamanhos sugeridos de planos de negócios.[6]

**Plano de negócios completo**: é utilizado quando se pretende implementar um negócio totalmente novo, que será originado de algum projeto de sucesso da empresa. Dessa forma, faz-se necessário apresentar uma visão completa e detalhada do novo negócio. Pode variar de 20 a 40 páginas, mais material anexo.

**Plano de negócios resumido**: é utilizado quando se necessita apresentar algumas informações resumidas aos superiores/diretoria corporativa, por exemplo, com o objetivo de chamar sua atenção para que requisitem um plano de negócios completo. Deve mostrar os objetivos macros do projeto, a oportunidade, investimentos necessários, mercado-alvo e retorno sobre o investimento, e deverá focar as informações específicas requisitadas. Geralmente varia de 10 a 15 páginas.

**Plano de negócios operacional:** é muito importante para ser utilizado internamente pelos envolvidos diretamente com o projeto/negócio. É excelente para alinhar os esforços internos em direção aos objetivos estratégicos da organização. Seu tamanho pode ser variável e depende das necessidades específicas de cada projeto e da empresa, em termos de divulgação junto aos funcionários.

O formato e os recursos utilizados na elaboração do plano de negócios também podem interferir no seu tamanho. É muito comum que as pessoas recorram à utilização de pacotes de *softwares* que auxiliem na elaboração de planos de negócios, com formatos predefinidos, e que resulte em planos padrões, sem muita possibilidade de modificação da estrutura utilizada no *software*, mas que proporcionam alguns benefícios ao empreendedor. Principalmente na parte financeira, ao utilizar um *software* para elaborar o seu plano de negócios, o empreendedor agiliza muito o trabalho, pois basta preencher certas planilhas e as projeções financeiras são obtidas automaticamente. Entretanto, na maioria das vezes, esses pacotes são limitados, e o empreendedor se prende à estrutura de plano existente na ferramenta, que nem sempre está adequada à sua realidade. Pequenos negócios do comércio, empresas de varejo etc. podem se beneficiar mais da utilização de um *software* do que empresas mais complexas, envolvidas em projetos maiores, que geralmente possuem características peculiares não contempladas nessas ferramentas.

A decisão de se utilizar ou não *software* para a confecção do plano de negócios é do empreendedor, que deve avaliar o seu negócio e suas necessidades. As ferramentas mais úteis para a elaboração de um plano de negócios são um editor de textos, uma planilha eletrônica e um *software* para se fazer apresentações. Com essas ferramentas, o empreendedor desenvolve o plano de negócios de acordo com suas necessidades, com o formato e a aparência que achar mais conveniente. De qualquer forma, caso os empreendedores corporativos ainda tenham interesse em conhecer mais a respeito dos *softwares* de planos de negócios, aconselha-se que acessem www.josedornelas.com.br/plano-de-negocios, que apresenta o que há de mais recente sobre o tema.

Independentemente do tamanho e do tipo do plano de negócios, e se ele é feito com auxílio de *software* ou não, sua estrutura deve conter as seções anteriormente apresentadas não de forma isolada, e sim com estreito relacionamento, de maneira a completar o ciclo de planejamento do negócio, com ações coerentemente definidas e com projeções de resultados viáveis de se obter, com base em uma boa análise de mercado (fator crítico para a obtenção de um bom plano de negócios) e se a oportunidade casa com o negócio da empresa-mãe.

Além do plano escrito em forma de documento, é necessária também a elaboração de uma apresentação do plano de negócios para o público-alvo em questão. Apresentações para executivos, por exemplo, devem ser objetivas e não devem levar mais que 10 a 20 minutos (cerca de 10 a 15 *slides*). Assim, após concluir o plano de negócios escrito, o empreendedor deve selecionar os aspectos que julga mais relevantes para elaborar sua apresentação. Nesse caso, ferramentas extremamente úteis são os pacotes de *software* destinados a apresentações, como o Microsoft Power Point©, que disponibiliza vários recursos, visando obter apresentações de boa qualidade.

## O plano de negócios como ferramenta de venda

Uma das principais utilidades de um plano de negócios é o seu suporte para as vendas internas e externas que um empreendedor corporativo tem de fazer para conseguir adeptos aos seus projetos. O plano de negócios acaba sendo uma ferramenta extremamente útil quando utilizada com esse propósito. É a partir do plano que o empreendedor corporativo pode definir alternativas de apresentação que julgue mais adequadas para buscar o convencimento do público-alvo. É sabido e já foi mencionado anteriormente que as oportunidades de apresentação de uma ideia ou projeto internamente em uma organização são poucas, ou melhor, quando se conseguem tais oportunidades geralmente as apresentações devem ser feitas em pouco tempo e primar pela objetividade, sem perder a essência. É uma tarefa difícil, principalmente para aqueles que não têm experiência com apresentações corporativas. Uma das principais habilidades de um empreendedor, inclusive o corporativo, é sua habilidade de persuasão e venda de ideias. Essa habilidade pode ser praticada e adquirida se o empreendedor entender o que faz uma apresentação ser efetiva. Não se está discutindo aqui estilos de comunicação, que são importantes, mas como apresentar conceitos e ideias de forma convincente.

```
                 O conceito   1 parágrafo
                 Elevator speech   30 a 120 segundos
                 Sumário executivo   2 a 5 páginas
                 Apresentação de slides
                 10 a 15 minutos

                 Plano de negócios
                 15 a 20 páginas
```

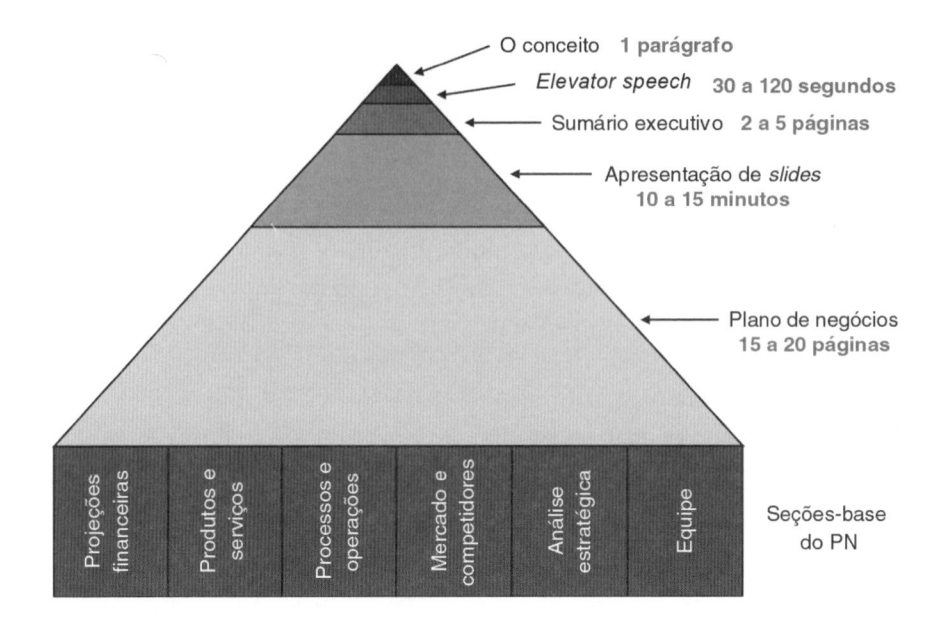

Projeções financeiras | Produtos e serviços | Processos e operações | Mercado e competidores | Análise estratégica | Equipe — Seções-base do PN

FIGURA 8.2   Os fundamentos para a venda da ideia.[7]

A Figura 8.2 apresenta o esquema geral que ajudará o empreendedor a formatar seu discurso de venda. Inicialmente, o empreendedor deve ter elaborado seu plano de negócios, incluindo as seções que julga mais relevantes e pertinentes à oportunidade e à sua organização. Pode-se tomar como base as várias estruturas de planos de negócios aqui apresentadas. Na Figura 8.2, encontram-se algumas seções como exemplos de alicerce ao plano de negócios completo. A partir do plano de negócios completo, o empreendedor deverá elaborar uma apresentação de 10 a 15 minutos em *slides*, que dará suporte às eventuais apresentações que o empreendedor vir a fazer na organização. Em seguida, o empreendedor deverá extrair de seu plano de negócios completo o sumário executivo e fazer uma versão um pouco mais ampliada dele. Na prática, deve-se ter um sumário executivo de uma ou duas páginas e outro um pouco maior, de no máximo cinco páginas, para serem submetidos e enviados às pessoas-chave na organização quando requisitado. Finalmente, o empreendedor deverá elaborar um belo *elevator speech*, ou seja, "Sua Venda do Peixe". Trata-se de um discurso curto que pode variar de 30 a 120 segundos, em que os principais aspectos da ideia/oportunidade são apresentados. Parece simples, mas requer muita habilidade e prática.

Essa sequência de preparação se inverte quando se precisa apresentar um projeto. Inicialmente, o empreendedor é solicitado a enviar uma breve descrição da ideia ou conceito, às vezes é chamado em reuniões de diretoria para apresentar sua ideia em não mais que alguns minutos. Se aprovada, solicita-se um resumo do projeto. Se aprovado novamente, aí sim o empreendedor tem a possibilidade de uma apresentação um pouco mais detalhada. A partir daí, o plano de negócios completo será solicitado. Como se vê, a venda da ideia é parte crucial para a apresentação de um projeto dentro da organização e, muitas vezes, o empreendedor se preocupa em demasia com todos os detalhes do plano de negócios, esquecendo-se de que precisará de outros recursos até que seu plano seja solicitado. Por outro lado, apenas saber "vender o peixe" ou ser o homem de ideias da organização não garante o sucesso como empreendedor corporativo. Este deve se preparar atentando para todos os detalhes essenciais para a venda e a implementação de seu projeto. Muitas vezes é possível encontrar pessoas com ideias ótimas, mas que não se preocupam em estruturá-las, analisá-las, desenvolver um plano de negócios que responda às questões críticas relacionadas às suas ideias. Quando o empreendedor corporativo estrutura seus projetos da forma apresentada na Figura 8.2, suas chances de ser bem-sucedido na venda da ideia e na implementação do projeto aumentarão significativamente. Isso porque o empreendedor transmitirá credibilidade, mostrará que está preparado, que se preocupou com questões relevantes, com os riscos e possibilidade de retornos, e convencerá os outros sobre a importância de seu projeto para a organização.

Existem formas estruturadas de como se fazer um bom *elevator speech*. Algumas dicas são essenciais, como as apresentadas a seguir.[8]

## Desenvolvendo o *elevator speech*

**Passo 1:** Descreva a oportunidade que deseja perseguir ou o problema a ser resolvido

- Qual o problema-chave ou a oportunidade que o projeto focará?
- Que fatores motivam sua decisão de lançar esse projeto?
- Qual o tempo necessário para o desenvolvimento do projeto?

**Passo 2:** Defina a solução para o problema ou a abordagem que será dada à oportunidade

- Quais as atividades-chave que a equipe deverá desenvolver para completar o projeto e quando deverão ser feitas?
- Quando os principais *milestones* (marcos, referências) devem ser atingidos?
- Quais os principais resultados que deverão ser obtidos?

**Passo 3:** Os benefícios

- Que grupos dentro e/ou fora da empresa se beneficiarão com o projeto?
- Quando os benefícios serão sentidos/obtidos?

Exemplos de benefícios:

- Redução de custos ou evitar gastos.
- Otimização de processos ou melhoria de *performance* (ex.: redução de tempo de processos; redução de número de passos do processo; simplificação de tarefas; diminuição de tempo para tomada de decisão).
- Melhoria da *performance* organizacional (ex.: melhoria da qualidade; diminuição de tempo para colocação do produto no mercado; otimização da implementação de novas ideias e iniciativas).
- Melhorar a *performance* para o consumidor.
- Melhor uso da informação e do conhecimento (ex.: otimizar a comunicação, melhorar o uso dos ativos intelectuais, patentes etc.).
- Benefícios para a sociedade (ex.: diminuição do desemprego/violência/fome; melhoria do ensino; qualidade de vida etc.).

**Passo 4:** Que recursos serão necessários?

- Quais os custos envolvidos e a fonte dos recursos (*funding*)?
- Quem são as pessoas-chave (o time) do desenvolvimento do projeto e o perfil de cada uma?
- Quais recursos adicionais, pessoas, habilidades, *expertise*, tecnologia deverão ser usados e quando/como estarão disponíveis?

**Passo 5:** O projeto tem *sponsors* que darão suporte?

- Quem são os principais *sponsors*?
- Por que e que tipo de suporte eles darão ao projeto?
- Que oposições você/sua equipe poderá ter e como pretende superá-las?

**Passo 6:** Quais são os riscos e como serão mitigados?

## Exemplo de texto base para o *elevator speech*

O projeto [nome] trará [listar resultados] para [listar beneficiários] por meio de [listar benefícios]. A equipe responsável é liderada por [especificar o líder] e é composta pelos seguintes membros-chave [listar pessoas-chave]. O projeto terá início em [data] e os primeiros resultados serão obtidos em [data]. O custo total será de [$$] correspondendo às seguintes categorias [listar estrutura de custos]. Os recursos que atualmente já temos disponíveis (ou dos quais necessitamos) são de [$$] provenientes de [listar fonte dos recursos]. Os riscos inerentes ao projeto são [falar dos riscos]. Pretendemos gerenciá-los com [mostrar a abordagem gerencial]. Nós esperamos então que o projeto resolva [falar do problema]. Já temos o projeto aprovado pelas áreas de [listar *sponsors*] e ainda pelas pessoas [listar *sponsors*-chave]. Algumas oposições ao projeto são [listar oposições], mas pretendemos tentar convencê-los por meio de nossa [mostrar estratégia].

## O plano de negócios como ferramenta de gerenciamento

Para que o plano de negócios possa se tornar um instrumento eficaz de gerenciamento é importante que as informações nele existentes possam ser divulgadas internamente na empresa de uma forma satisfatória. Boas informações trancadas em uma gaveta ou perdidas em uma montanha de papéis na mesa de um executivo não são propriamente utilizáveis e acabam fatalmente por cair no esquecimento. Como referido anteriormente, o plano de negócios pode e deve também ser utilizado como uma ferramenta de gestão.

Por isso, as informações apresentadas no plano de negócios também devem ser utilizadas internamente, guiando e validando os esforços de melhoria da empresa. Para que isso aconteça, é necessário que exista um monitoramento periódico da situação atual em relação aos números previstos, ou metas, do plano.

Uma forma simples e bastante eficiente de utilizar o plano de negócios é a criação de um (ou vários) painel de metas do projeto. Esse tipo de instrumento pode servir de guia a qualquer processo de melhoria organizacional. Esse painel é um sistema visível de medidas de desempenho, que deve mostrar de forma simples, preferencialmente gráfica, a evolução do projeto ao longo do tempo, em termos dos seus valores de avaliação. É, portanto, composto de um conjunto de gráficos que devem ser apresentados em *displays* ou paredes, em locais acessíveis aos gerentes e funcionários relevantes. Esses painéis devem ser um espelho do plano de negócios, apresentando as mesmas informações e parâmetros numéricos ali considerados. É uma ferramenta dinâmica que exige a criação de um procedimento de atualização periódica dos dados, de forma a se ter sempre uma visão do momento da empresa, do seu passado e das metas previstas.

Esse painel (ou painéis) de metas fornece um conjunto de medidas de desempenho de equilíbrio da empresa, que deve cobrir todas as áreas de análise empresarial, aos moldes do *balanced scorecard* proposto por Kaplan & Norton.[9] No caso de empresas mais maduras, essas medidas gerais podem, por sua vez, ser desdobradas em medidas de desempenho de áreas ou projetos específicos, podendo chegar, quando necessário, até a uma definição de objetivos individuais,[9] alinhados com os objetivos da empresa como um todo. Dessa forma, o plano de negócios pode se transformar em um instrumento dinâmico de implementação da estratégia empresarial, tornando-se uma ferramenta fundamental de gestão que, certamente, auxiliará o empreendedor a alcançar o sucesso almejado ou, então, mostrará a esse mesmo empreendedor que o momento não é propício para o negócio vislumbrado (a janela do tempo não está aberta para a oportunidade em questão), evitando decepções futuras.

## Dicas na elaboração do plano de negócios

Muitos empreendedores questionam como fazer um plano de negócios, por onde começar, que seções devem ser feitas inicialmente, quais devem ser deixadas para o final etc. Na verdade, não existe uma regra que deva ser seguida, e, quanto mais experiência o empreendedor tiver com o assunto, mais facilmente elaborará seus planos, desenvolvendo uma metodologia própria que poderá ser usada repetidas vezes. No entanto, todo plano de negócios deverá começar pela ideia e pelo conceito do negócio, ou seja, se realmente existe uma oportunidade no mercado para o que o empreendedor acredita ser uma inovação interessante. Basicamente, existem duas formas para se desenvolver o plano de negócios: um modelo ou sequência linear e o modelo interativo. Como o modelo linear acaba sendo mais teórico do que prático, na prática, o modelo interativo é o que mais acontece, como apresentado na Figura 8.3.

Capítulo 8 • O plano de negócios

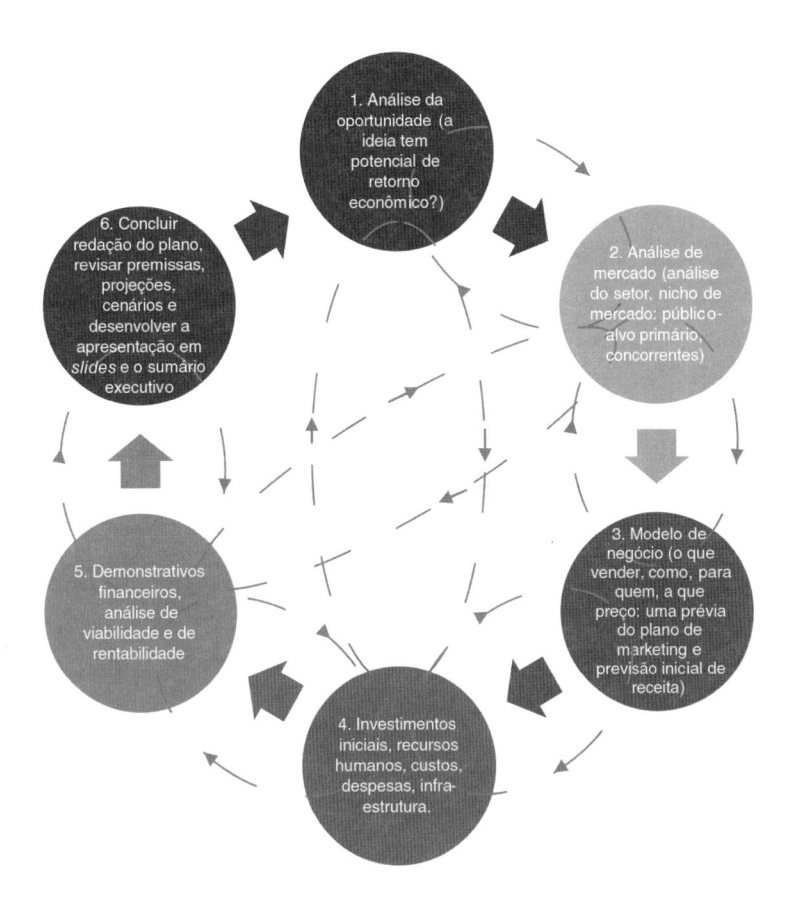

FIGURA 8.3   Modelo interativo de desenvolvimento do plano de negócios.[10]

Na Figura 8.3, pode-se notar um processo lógico de seis grandes etapas, mas não definitivo, já que sempre existirão revisões, interações (representadas por elipses) e mudanças do conteúdo das seções do plano de negócios mesmo que essas já tenham sido desenvolvidas. Portanto, não considere essa sequência uma regra rígida, mas um ponto de partida para o desenvolvimento do plano de negócios, que se inicia com a análise da ideia para saber se essa é uma oportunidade e encerra-se com o documento final completo. Esse ciclo é reiniciado (seta que indica uma ligação/sequência entre as etapas 6 e 1) quando se faz uma revisão completa do plano de negócios ou quando a oportunidade de negócio precisa ser revista.

Capítulo 9

# Mantendo um ambiente de suporte ao empreendedorismo corporativo

O empreendedorismo corporativo só será efetivo em uma organização caso o ambiente corporativo seja propício para que isso ocorra. De nada adiantará a organização definir metas, estabelecer programas de treinamento e passar aos seus colaboradores que o empreendedorismo é a chave para o sucesso da empresa, caso ele não faça parte da cultura organizacional. Como foi discutido nos capítulos anteriores, empreendedorismo envolve pessoas e processos com o objetivo de buscar novas oportunidades de inovação. Assim, a organização que busca usufruir os benefícios que o empreendedorismo pode trazer tem de implementar programas internos de suporte ao empreendedorismo. Esses programas devem focar o desenvolvimento dos funcionários, a estrutura organizacional e seus processos e ainda o seu direcionamento estratégico.

A organização deve incorporar o empreendedorismo em sua estratégia de negócios, em seus valores organizacionais e deve definir metas de inovação, bem como implementar meios para atingi-las. Em qualquer programa desse tipo sempre existirão barreiras que precisarão ser transpostas. Essas barreiras podem estar ligadas a aspectos comportamentais e de hierarquia, competições internas ou de incompatibilidade com o que a empresa faz e aonde quer chegar ou o que tem de mudar hoje para atingir os resultados esperados no futuro. Mudança é algo necessário e um dos imperativos organizacionais mais comumente discutidos. Porém, gerenciar a mudança é algo difícil, pois não existem regras ou receitas predefinidas que possam ser seguidas. A busca da inovação é outro paradigma presente em muitas organizações, que sabem de sua importância, mas não conseguem implementar ou priorizar a inovação, já que precisam focar e investir nos negócios e mercados atuais. O dilema da inovação, discutido no Capítulo 4, sempre estará presente e precisará ser enfrentado pela organização, senão essa poderá deixar de existir rapidamente.

Algumas atividades, políticas e procedimentos são sugeridos a seguir com o intuito de colaborar com as organizações em busca da construção e da manutenção de um ambiente propício ao empreendedorismo corporativo.

## Criando mecanismos para manter a filosofia empreendedora na organização

Um dos primeiros aspectos que devem ser trabalhados é a desmistificação da inovação em todo o ambiente corporativo, ou seja, fazer com que todos os colaboradores entendam o propósito da inovação e como ela ocorre. A inovação estratégica é algo importante e precisa ser priorizada pela organização. Para isso, a organização deve formular metas explícitas de inovação e definir estratégias, executar essas estratégias, monitorar a *performance* da inovação e fazer os ajustes necessários para adequar a *performance* ou resultados com as metas estipuladas. Para se trabalhar a inovação de forma estratégica, a organização deverá atentar para os seguintes aspectos:[1]

1. A organização deve ter forte comprometimento com a busca e o desenvolvimento de novos produtos/serviços e processos, envolvendo a alta cúpula gerencial no suporte a essas iniciativas.

2. A inovação deve ser vista como algo abrangente dentro da organização, não restrita simplesmente ao setor de pesquisa e desenvolvimento ou gerência de novos produtos. Todas as áreas podem e devem estar envolvidas na busca da inovação.

3. Deve-se estabelecer estratégias para a criação e o desenvolvimento de novos produtos e serviços. Essas estratégias podem ser melhorias ou aperfeiçoamentos da linha de produtos atual da empresa ou também algo novo, diversificado, voltado para outros mercados.

4. Deve-se buscar um entendimento claro do quão agressiva ou defensiva será a inovação em termos de resultados para a empresa, planejando

seu desenvolvimento, entendendo seu mercado-alvo e projetando os possíveis ganhos em termos de receita ou redução de custos para a organização.

5. A organização deve possuir uma sistemática com critérios para a busca de novas ideias de produtos e uma política e procedimentos que ajudarão na definição acerca de seu desenvolvimento, que pode ser interno, terceirizado, licenciado etc.

Outro aspecto crítico e primordial para que se desenvolva uma filosofia pró-empreendedorismo na organização é a integração do empreendedorismo com a estratégia corporativa. É uma mudança que dependerá de total comprometimento da alta cúpula da organização, seu conselho administrativo, presidência e diretoria. Essa integração tem duas vertentes. A primeira refere-se à forma como se definirá a estratégia ou os meios que serão utilizados para se integrar o empreendedorismo à estratégia corporativa, e a segunda será a definição da própria estratégia empreendedora da corporação. Ao se utilizar uma abordagem empreendedora para definir a estratégia, o empreendedorismo já começa a ser praticado desde o primeiro momento. Para isso, é interessante que se estimule o pensamento criativo para se chegar à nova estratégia corporativa. Estratégias corporativas não são fáceis de definir. A inovação pode começar a partir desse ponto, pois é sabido que uma estratégia inovadora pode fazer com que uma organização ganhe mercado rapidamente.

Já a estratégia corporativa com foco no empreendedorismo deverá possuir alguns ingredientes de estímulo à ação empreendedora na organização. É uma mudança de paradigma, passando das estratégias tradicionais para estratégias empreendedoras, com foco no fazer diferente. Como exemplo, o Quadro 9.1 apresenta comparações entre as estratégias consideradas tradicionais e as estratégias empreendedoras.

Uma estratégia empreendedora bem definida deverá possuir alguns ingredientes básicos para sustentá-la. Isso porque mesmo estratégias empreendedoras podem falhar, caso não estejam suportadas por práticas gerenciais que as fortaleçam. Esses ingredientes são os seguintes:[2]

1. **Desenvolvimento de uma visão empreendedora**: é importante que a alta cúpula da organização defina e comunique uma visão de organização empreendedora. Isso será a chave para a manutenção do ambiente empreendedor.

## Capítulo 9 • Mantendo um ambiente de suporte ao empreendedorismo corporativo

QUADRO 9.1   Estratégias tradicionais *versus* estratégias empreendedoras[3]

| Estratégias tradicionais | Estratégias empreendedoras |
|---|---|
| Segura, aversão ao risco, de preservação do emprego | Assume riscos calculados, cria empregos |
| Voltada ao aprendizado de uma habilidade específica | Aprendizado é chave para o sucesso e deve ser algo contínuo |
| Focada na estabilidade, tradição, consistência, robustez | Focada na velocidade, mudança, adaptabilidade, agilidade |
| Forte estrutura hierárquica, decisões quase sempre *top-down* (de cima para baixo) | Integração total, estrutura plana, grupos semiautônomos |
| Capital: recursos e ativos físicos são chaves | Capital: *know-how* e conhecimento das pessoas são chaves |
| Controle | *Empowerment* |
| *Status* é definido, atribuído | *Status* é atingido, conquistado |
| Relações ganha-perde prevalecem, foco no individualismo | Relações ganha-ganha prevalecem, foco nas equipes |

2. **Incentivar e aprimorar a percepção da oportunidade:** deve-se dar condições para que todos na organização identifiquem e busquem oportunidades. Para que isso ocorra, deve-se estimular o pensamento criativo, o uso de ferramentas de identificação e avaliação de oportunidades, o trabalho em equipe e entre diferentes áreas, a quebra de certas regras ou procedimentos e, ainda, reconhecer o empenho dos funcionários em agir de forma empreendedora.

3. **Institucionalizar a mudança:** mudar é algo bom, desde que feito com propósitos de melhoria e de busca do novo, de resultados ousados. Representa novas oportunidades para todos na organização. É um incentivo para se olhar as coisas de forma diferente, de rever processos e eliminar as barreiras que impedem a inovação de ocorrer.

4. **Alimentar o desejo de ser inovador:** mostrar que a inovação pode ser tanto incremental quanto radical e que ambas são importantes. Incentivar a prática da inovação como sendo algo estratégico para a organização.

5. **Investir nas ideias das pessoas:** as ideias bem trabalhadas podem transformar-se em grandes oportunidades de inovação. Devem-se criar mecanismos para ouvir as ideias, dar atenção a elas, premiá-las; prover os criativos com ferramentas para analisar suas ideias, para pesquisar, entender o que pode ser uma ideia criativa; dar-lhes acesso à informação e ao banco de oportunidades da organização.

6. **Compartilhar riscos e recompensas com os funcionários:** estabelecer políticas claras de recompensa quando os projetos vão bem e trazem retorno à organização, tais como aumento de salário, bônus, promoção, reconhecimento etc. Por outro lado, deve-se mostrar que o acesso e o uso dos recursos também têm um preço, ou seja, os riscos também devem ser compartilhados pela organização e pelos funcionários em caso de falhas.

7. **Reconhecer que o ato de falhar é crítico, mas importante:** não encarar a falha como consequência da incompetência. A falha deve ser vista, primeiramente, como sinal de experiência, aprendizado e progresso. Ao se falhar, aprende-se muito. Tolerar certas falhas é uma forma de não inibir a busca de oportunidades e de se assumir riscos. Obviamente, a falha contínua, inconsequente, deve ser evitada e até punida, quando a equipe não se espelha na experiência própria e de outros no passado, não se preocupa com a utilização dos recursos e não se compromete com a organização. Porém, em organizações realmente empreendedoras, a possibilidade de ocorrer isso (a falta de comprometimento dos funcionários) é mínima, o que não significa que não falharão. A falha faz parte do processo empreendedor e está intimamente ligada com assumir riscos.

## Superando barreiras organizacionais

Por mais que se argumente que o empreendedorismo pode ser uma saída ou uma forma de se lidar com o paradigma atual dos negócios, de necessidade de mudança e se adaptar rapidamente a elas, não é fácil, para muitas organizações e pessoas na organização, superar certas barreiras organizacionais, que podem impedir a implementação de conceitos empreendedores e a prática do empreendedorismo. Isso ocorre porque para muitos a mudança é algo perigoso, que mudará o *status quo*, que os obrigará a saírem de uma zona de conforto, à qual já se adaptaram. O principal argumento dessas pessoas contrárias à mudança é de que a organização sempre fez as coisas de uma mesma forma e, por isso, é bem-sucedida, de que "em time que está ganhando não se mexe", entre outras desculpas. As barreiras organizacionais ao empreendedorismo podem estar relacionadas à forma como a empresa está estruturada, seus sistemas, políticas e procedimentos, direcionamento estratégico, às pessoas e à cultura organizacional. O Quadro 9.2 sintetiza as restrições organizacionais ao empreendedorismo corporativo. Superar essas barreiras é o grande desafio para as organizações decididas em priorizar o empreendedorismo.

QUADRO 9.2  Restrições organizacionais ao empreendedorismo corporativo[4]

| Sistemas | Estruturas | Direcionamento estratégico | Políticas e procedimentos | Pessoas | Cultura |
|---|---|---|---|---|---|
| Sistemas de avaliação e recompensa mal dirigidos | Muitos níveis hierárquicos | Falta de metas de inovação | Ciclos de aprovação longos e completos | Medo da falha | Valores mal definidos |
| Sistemas de controle opressivos | Estrutura de controle estreita | Falta de estratégia formal para o empreendedorismo | Muita documentação, excesso de burocracia | Resistência à mudança | Falta de consenso em relação às prioridades |
| Sistemas inflexíveis de definição de orçamentos | Responsabilidade sem autoridade | Falta de visão da alta direção | Excessiva segurança ou fixação nas regras atuais | Complacência | Falta de adequação da oportunidade com os valores atuais |
| Sistemas de planejamento exageradamente formais e rígidos | Gerenciamento top-down | Falta de comprometimento dos executivos sênior | Critérios de performance não realistas | Orientação ou foco no curto prazo | Valores conflitam com os requisitos necessários ao empreendedorismo |
| | Canais de comunicação restritos | Falta de referências (pessoas) empreendedoras na direção | | Talentos e habilidades inapropriadas | |

As mudanças não ocorrem todas no curto prazo, mas devem ocorrer por toda a organização. Por isso, os vários níveis e áreas organizacionais devem estar envolvidos. A mudança deve ser suportada pela alta direção e apoiada pelos funcionários. Grupos de trabalho devem ser formados, objetivos claros devem ser estabelecidos e prazos de migração para uma nova maneira de gerir os negócios devem ser estipulados. As restrições à mudança são sempre grandes, mas a necessidade de mudar é cada vez maior. A pressão por resultados, a estagnação do crescimento, a perda de participação de mercado, entre outros fatores, podem ser fatores adicionais que servem de forte argumento para a decisão de se mudar.

Grandes organizações, mesmo ou principalmente as bem-sucedidas, estão priorizando o empreendedorismo corporativo porque encontram no empreendedorismo a chave ou o caminho atual para atingirem o sucesso no futuro. Os casos da Nestlé, Algar e Solvi, bem como outros constantes no *site* do autor (www.josedornelas.com.br), mostram que, mesmo sendo líder na maioria dos mercados em que atua, uma empresa empreendedora sempre estará se preparando para o futuro. Não é por acaso que empresas empreendedoras são admiradas por todos, pois se antecipam aos fatos antes que eles ocorram.

Capítulo 10

# O futuro da corporação empreendedora

"Empreender" já é um verbo bastante difundido no mundo corporativo, não só no ambiente das *startups*. A palavra "empreendedorismo" e o conceito de fazer diferente têm sido debatidos nos meios de comunicação e internamente nas organizações. A necessidade de se praticar o empreendedorismo corporativo é evidente e já bastante aceita por várias organizações. O como fazer, ideias de como implementar estratégias empreendedoras e disseminar o empreendedorismo por toda a organização foram apresentados nos capítulos anteriores. O grande desafio agora é a implementação desses conceitos.

O futuro da organização empreendedora dependerá de executivos ousados, daqueles que não se contentam com resultados imediatos e que buscam deixar um legado, seu nome na história da corporação. Esses empreendedores sempre foram e continuarão a ser os grandes responsáveis pelas inovações que surgirão nos próximos anos. Não aceitar as coisas como são, as regras predefinidas e a repetição de receitas bem-sucedidas do passado é o primeiro passo para se entrar no mundo do empreendedorismo corporativo. Atualizar-se, entender o meio à sua volta, entender como se relacionar e praticar o *networking*, são outros aspectos-chave para aqueles que anseiam ser denominados empreendedores corporativos.

É difícil, para não dizer impossível, prever o que ocorrerá com as organizações atuais nos próximos anos, como os mercados se comportarão e que teorias ou práticas administrativas serão as mais indicadas para gerir os negócios. Porém, alguns imperativos continuarão, certamente, a estar presentes: a mudança, a necessidade de inovação e o comprometimento das pessoas da corporação em fazer esses dois imperativos anteriores acontecerem.

Conceitos como *open innovation* (inovação aberta, envolvendo não só a organização, mas seus relacionamentos externos), empresas trabalhando em colaboração e em rede são as formas inovadoras que muitas organizações têm buscado implementar no momento atual, revendo seus modelos de negócio. Alguns estudos já mostram que as empresas, cada vez mais, terão que se adaptar ao paradigma da colaboração, de ouvir os clientes, fornecedores e até os concorrentes e permitir que eles literalmente contribuam para o aperfeiçoamento e a criação de novos produtos. Outros estudos mostram que crescer sem limites dentro de suas próprias estruturas talvez já não seja o caminho mais adequado para as organizações que já são grandes. Fusões e aquisições não param (e talvez continuem por muitos anos até a consolidação de alguns mercados) de acontecer, mas o mais importante é gerir todos os relacionamentos da complexa rede de negócios em todos os mercados e manter a dianteira das inovações, independentemente de onde estejam (dentro ou fora da empresa) para manter a liderança e os resultados positivos, atendendo aos anseios incessantes de altos retornos dos acionistas.

As pessoas continuarão a ser a chave para o sucesso no mundo dos negócios, por mais que a tecnologia automatize a maioria dos processos organizacionais. Essas pessoas, que usam sua imaginação e criatividade, são o ingrediente principal para a promoção da mudança e da inovação. O futuro da corporação empreendedora será bem ou malsucedido se a corporação entender que a gestão de pessoas e a definição de estratégias que possibilitem os colaboradores explorarem ao máximo seu potencial é a forma de se manter acesa a chama do empreendedorismo ao longo dos anos. A intensidade empreendedora envolve vários aspectos, porém um aspecto crítico para se ter maior intensidade empreendedora é a ênfase do empreendedorismo na cultura organizacional. Uma cultura organizacional focada no empreendedorismo prolongará sua prática, evitando que se torne uma receita do momento, um modismo que veio e que passará.

A manutenção de uma cultura empreendedora ao longo dos anos deverá envolver, necessariamente, alguns aspectos cruciais: o foco nas pessoas, dando-lhes condições de implementar seus projetos e de terem autonomia; a criação de valor por meio da mudança e da inovação; um gerenciamento com ênfase prática, no fazer acontecer, sem excesso de formalismos; a assertividade, a eficácia, que só se aprimora com a experiência e com a gestão do conhecimento; a liberdade para fazer a organização crescer, mesmo estando sujeita a falhas; o comprometimento com a organização, a responsabilidade e a ética; a ênfase no futuro, em antecipar-se aos fatos e ao senso de urgência.

Finalmente, é interessante ressaltar uma vez mais que o empreendedorismo trata de comportamento. Visto dessa forma, os conceitos aqui apresentados podem ser aplicados a qualquer organização, independentemente de seu porte ou setor, se tem fins lucrativos ou não, pública ou privada. As pessoas é que fazem as corporações existirem, e o empreendedorismo corporativo só será efetivo se ajudar a mudar o comportamento dos executivos e administradores, ampliando seus horizontes e motivando para a ação. Caso contrário, de nada adiantarão estratégias, políticas e procedimentos. Aos que pretendem se engajar e ser chamados de empreendedores corporativos, só resta desejar-lhes boa sorte, que não se decepcionem com as prováveis falhas que cometerão pela jornada, mas aprendam com elas e exaltem e curtam as várias vitórias. Que façam sua presença no mundo corporativo ser sentida e admirada, que não sejam mais um, que se diferenciem, que se orgulhem do que fazem e que deem sentido ao termo "empreender".

# Apêndices

# Testes de perfil e desenvolvimento de habilidades empreendedoras

No *site* www.josedornelas.com.br você encontra um conjunto de materiais, cursos (incluindo um curso EAD gratuito completo sobre empreendedorismo corporativo), vídeos, testes, jogos etc. para desenvolver suas habilidades empreendedoras e que complementam os testes apresentados a seguir.

### Teste 1 – Autoavaliação de perfil empreendedor (ambiente, atitudes e *know-how*)

1. Atribua à sua pessoa uma nota de 1 a 5 para cada uma das características a seguir e escreva a nota na última coluna.
2. Some as notas obtidas para todas as características.
3. Analise seu resultado global com base nas explicações ao final.
4. Destaque seus principais pontos fortes e pontos fracos.
5. Quais dos pontos fortes destacados são mais importantes para o desempenho de suas atribuições atuais no seu trabalho?

6. Quais dos pontos fracos destacados devem ser trabalhados para que o seu desempenho no trabalho seja melhorado? É possível melhorá-los?

| Características | Excelente 5 | Bom 4 | Regular 3 | Fraco 2 | Insuficiente 1 | Nota |
|---|---|---|---|---|---|---|
| **Comprometimento e determinação** | | | | | | |
| 1. Proatividade na tomada de decisão | | | | | | |
| 2. Tenacidade, obstinação | | | | | | |
| 3. Disciplina, dedicação | | | | | | |
| 4. Persistência em resolver problemas | | | | | | |
| 5. Disposição ao sacrifício para atingir metas | | | | | | |
| 6. Imersão total nas atividades que desenvolve | | | | | | |
| **Obsessão pelas oportunidades** | | | | | | |
| 7. Procura ter conhecimento profundo das necessidades dos clientes | | | | | | |
| 8. É dirigido pelo mercado (*market driven*) | | | | | | |
| 9. Obsessão em criar valor e satisfazer os clientes | | | | | | |
| **Tolerância ao risco, ambiguidade e incertezas** | | | | | | |
| 10. Toma riscos calculados (analisa tudo antes de agir) | | | | | | |
| 11. Procura minimizar os riscos | | | | | | |
| 12. Tolerância às incertezas e falta de estrutura | | | | | | |
| 13. Tolerância ao estresse e conflitos | | | | | | |
| 14. Hábil em resolver problemas e integrar soluções | | | | | | |
| **Criatividade, autoconfiança e habilidade de adaptação** | | | | | | |
| 15. Não convencional, cabeça aberta, pensador | | | | | | |
| 16. Não se conforma com o *status quo* | | | | | | |
| 17. Hábil em se adaptar a novas situações | | | | | | |
| 18. Não tem medo de falhar | | | | | | |
| 19. Hábil em definir conceitos e detalhar ideias | | | | | | |
| **Motivação e superação** | | | | | | |
| 20. Orientação a metas e resultados | | | | | | |

| Características | Excelente 5 | Bom 4 | Regular 3 | Fraco 2 | Insuficiente 1 | Nota |
|---|---|---|---|---|---|---|
| 21. Dirigido pela necessidade de crescer e atingir melhores resultados | | | | | | |
| 22. Não se preocupa com *status* e poder | | | | | | |
| 23. Autoconfiança | | | | | | |
| 24. Ciente de suas fraquezas e forças | | | | | | |
| 25. Tem senso de humor e procura estar animado | | | | | | |
| **Liderança** | | | | | | |
| 26. Tem iniciativa | | | | | | |
| 27. Poder de autocontrole | | | | | | |
| 28. Transmite integridade e confiabilidade | | | | | | |
| 29. É paciente e sabe ouvir | | | | | | |
| 30. Sabe construir times e trabalhar em equipe | | | | | | |
| **TOTAL** | | | | | | |

## Analise seu desempenho:

**120 a 150 pontos:** você provavelmente já é um empreendedor, possui as características comuns aos empreendedores e tem tudo para se diferenciar em sua organização.

**90 a 119 pontos:** você possui muitas características empreendedoras e, às vezes, comporta-se como um empreendedor, porém pode melhorar ainda mais se equilibrar os pontos ainda fracos com os pontos já fortes.

**60 a 89 pontos:** você ainda não é muito empreendedor e provavelmente se comporta, na maior parte do tempo, como um administrador e não um "fazedor". Para se diferenciar e começar a praticar atitudes empreendedoras, procure analisar os seus principais pontos fracos e definir estratégias pessoais para eliminá-los.

**Menos de 59 pontos:** você não é empreendedor e, se continuar a agir como age, dificilmente será um. Isso não significa que você não tem qualidades, apenas que prefere seguir a ser seguido. Se seu anseio é ser reconhecido como empreendedor, reavalie sua carreira e seus objetivos pessoais, bem como suas ações para concretizar tais objetivos.

| Principais pontos fortes | Principais pontos fracos |
|---|---|
| — | — |
| — | — |
| — | — |
| — | — |
| — | — |
| — | — |
| — | — |
| — | — |

Definição de estratégia a seguir:

Resultados desejados e prazo para alcançá-los:

## Teste 2 – Autoavaliação de perfil empreendedor (habilidades gerenciais)

1. Atribua à sua pessoa uma nota de 1 a 5 para cada uma das competências a seguir.
2. Defina qual é a importância de cada competência para sua empresa (relativa à sua função/cargo e não ao fato de ser o provável dono), atribuindo também notas de 1 a 5.
3. Calcule a diferença entre as duas notas para cada competência.
4. Selecione com um círculo as competências de maior importância para sua empresa.
5. Para as competências selecionadas, destaque as que obtiveram as maiores diferenças nos cálculos.
6. Essas são as competências que você deverá priorizar, buscando aperfeiçoá-las para obter melhores resultados dentro de sua empresa. Assim, defina estratégias para atingir esse objetivo. Uma alternativa é compor sua equipe com pessoas que possuam pontos fortes que complementem o seu perfil, ou seja, em áreas nas quais você tem pontos fracos.

| Competências gerenciais | Sua avaliação | | | | | Importância para sua empresa | | | | | Diferença (*gap*) |
|---|---|---|---|---|---|---|---|---|---|---|---|
| | Excelente | Bom | Regular | Fraco | Insuficiente | Extrema | Muita | Razoável | Pouca | Nenhuma | |
| | 5 | 4 | 3 | 2 | 1 | 5 | 4 | 3 | 2 | 1 | Nota |
| **Marketing** | | | | | | | | | | | |
| 1. Avaliação e pesquisa de mercado | | | | | | | | | | | |
| 2. Planejamento de marketing | | | | | | | | | | | |
| 3. Estabelecimento de preços dos produtos | | | | | | | | | | | |
| 4. Gerenciamento de vendas | | | | | | | | | | | |
| 5. Venda por catálogo/mala direta | | | | | | | | | | | |
| 6. *Telemarketing* | | | | | | | | | | | |

Apêndices • **Testes de perfil e desenvolvimento de habilidades empreendedoras**

|  | Sua avaliação |  |  |  |  | Importância para sua empresa |  |  |  |  | Diferença (*gap*) |
|---|---|---|---|---|---|---|---|---|---|---|---|
|  | Excelente | Bom | Regular | Fraco | Insuficiente | Extrema | Muita | Razoável | Pouca | Nenhuma |  |
| **Competências gerenciais** | 5 | 4 | 3 | 2 | 1 | 5 | 4 | 3 | 2 | 1 | Nota |
| 7. Serviço ao consumidor |  |  |  |  |  |  |  |  |  |  |  |
| 8. Gerenciamento de distribuição |  |  |  |  |  |  |  |  |  |  |  |
| 9. Planejamento de novos produtos |  |  |  |  |  |  |  |  |  |  |  |
| 10. Venda direta |  |  |  |  |  |  |  |  |  |  |  |
| **Operações/Produção** |  |  |  |  |  |  |  |  |  |  |  |
| 11. Gerenciamento da manufatura |  |  |  |  |  |  |  |  |  |  |  |
| 12. Controle de estoques |  |  |  |  |  |  |  |  |  |  |  |
| 13. Controle e análise de custos |  |  |  |  |  |  |  |  |  |  |  |
| 14. Controle de qualidade |  |  |  |  |  |  |  |  |  |  |  |
| 15. Planejamento de produção |  |  |  |  |  |  |  |  |  |  |  |
| 16. Compras de matérias-primas |  |  |  |  |  |  |  |  |  |  |  |
| **Finanças** |  |  |  |  |  |  |  |  |  |  |  |
| 17. Contabilidade |  |  |  |  |  |  |  |  |  |  |  |
| 18. Orçamentos |  |  |  |  |  |  |  |  |  |  |  |
| 19. Gerenciamento de fluxo de caixa |  |  |  |  |  |  |  |  |  |  |  |
| 20. Gerenciamento de contas a pagar e receber |  |  |  |  |  |  |  |  |  |  |  |
| 21. Gerenciamento das relações com fontes de financiamento |  |  |  |  |  |  |  |  |  |  |  |
| 22. Negociações para obtenção de recursos financeiros |  |  |  |  |  |  |  |  |  |  |  |
| **Administração** |  |  |  |  |  |  |  |  |  |  |  |
| 23. Resolução de problemas |  |  |  |  |  |  |  |  |  |  |  |
| 24. Comunicação |  |  |  |  |  |  |  |  |  |  |  |
| 25. Planejamento |  |  |  |  |  |  |  |  |  |  |  |
| 26. Tomada de decisão |  |  |  |  |  |  |  |  |  |  |  |

| | Sua avaliação | | | | | Importância para sua empresa | | | | | Diferença (*gap*) |
|---|---|---|---|---|---|---|---|---|---|---|---|
| | Excelente | Bom | Regular | Fraco | Insuficiente | Extrema | Muita | Razoável | Pouca | Nenhuma | |
| Competências gerenciais | 5 | 4 | 3 | 2 | 1 | 5 | 4 | 3 | 2 | 1 | Nota |
| 27. Gerenciamento de projetos | | | | | | | | | | | |
| 28. Negociação | | | | | | | | | | | |
| 29. Administração de pessoal | | | | | | | | | | | |
| 30. Sistema de informação gerencial | | | | | | | | | | | |
| **Relacionamento interpessoal/equipes** | | | | | | | | | | | |
| 31. Liderança, visão, influência | | | | | | | | | | | |
| 32. Ajuda e *coaching* | | | | | | | | | | | |
| 33. *Feedback* | | | | | | | | | | | |
| 34. Gerenciamento de conflitos | | | | | | | | | | | |
| 35. Gerenciamento de pessoas | | | | | | | | | | | |
| 36. Trabalho em equipe | | | | | | | | | | | |
| 37. Construção de equipes de trabalho | | | | | | | | | | | |
| **Aspectos legais** | | | | | | | | | | | |
| 38. Contratos | | | | | | | | | | | |
| 39. Impostos | | | | | | | | | | | |
| 40. Seguros | | | | | | | | | | | |
| 41. Patentes e propriedade intelectual | | | | | | | | | | | |
| **Habilidades específicas** | | | | | | | | | | | |
| 42. | | | | | | | | | | | |
| 43. | | | | | | | | | | | |
| 44. | | | | | | | | | | | |
| 45. | | | | | | | | | | | |

| Competências que devem ser melhoradas | Estratégias de curto/médio prazo para melhorá-las |
|---|---|
| — | — |
| — | — |
| — | — |
| — | — |
| — | — |
| — | — |
| — | — |
| — | — |
| — | — |
| — | — |
| — | — |
| — | — |
| — | — |
| — | — |
| — | — |
| — | — |

## Teste 3 – Autoavaliação das habilidades empreendedoras

Para cada questão, faça um círculo na resposta mais adequada às suas crenças ou ações, mesmo que aparentemente não tenham algo em comum com o que você faz/gosta de fazer. Esteja certo de selecionar aquela que você acredita ser a mais verdadeira, e não a que você gostaria que fosse verdade. Mais uma vez, cabe frisar que não existem respostas certas ou erradas, e que a ideia aqui é avaliar como você observa seu ambiente atual... **Seja rápido, não pondere!!!**

1. **Eu acredito que as pessoas que conheço e que são bem-sucedidas nos negócios:**
   a. têm bons contatos
   b. são mais habilidosas/espertas que eu
   c. são parecidas comigo, mas talvez trabalhem mais arduamente

2. **Eu gosto:**
   a. de ser fiel aos meus amigos e colegas
   b. de ser muito sistemático em meu trabalho
   c. de fazer o meu melhor em qualquer trabalho que eu assumo

3. **Se eu chego em casa para descansar e ter uma noite relaxante e descubro que a pia da cozinha está com um vazamento, eu:**

   a. estudo o guia de "faça você mesmo" para ver se consigo consertar o problema
   b. convenço um amigo a consertar a pia para mim
   c. ligo para um encanador

4. **Em relação aos valores individuais, eu sinto que:**

   a. a maioria das pessoas recebe o respeito que merece
   b. o valor individual das pessoas passa despercebido independentemente de quanto as pessoas trabalhem
   c. os outros são quem determinam de forma significante o valor de uma pessoa

5. **Meu objetivo na vida é:**

   a. fazer uma grande quantidade de realizações bem-sucedidas
   b. servir ao meu país
   c. atingir alto *status* na sociedade

6. **Se eu tivesse uma noite livre, eu iria:**

   a. assistir a um programa de TV
   b. visitar um amigo
   c. praticar um *hobby*

7. **Se um funcionário que é meu amigo não estivesse fazendo seu trabalho corretamente, eu:**

   a. o convidaria para um *drink*, falaria genericamente que as coisas não estavam indo bem e esperaria que ele captasse a mensagem
   b. não interferiria e teria esperança que ele se acertasse
   c. daria a ele um forte aviso e o demitiria se ele não se acertasse

8. **Eu acho que:**

   a. é difícil saber se uma pessoa gosta ou não de você
   b. o número de amigos que tenho depende de quão legal eu sou
   c. desenvolver relacionamentos duradouros é geralmente perda de tempo

9. **Em meus sonhos diários, eu apareço geralmente como:**

   a. um milionário em um iate
   b. um detetive que resolveu um caso difícil
   c. um político discursando para comemorar uma vitória

10. **Eu prefiro jogar:**
   a. banco imobiliário
   b. roleta russa
   c. bingo

11. **Eu frequentemente desejo ser:**
   a. um trabalhador solitário que ajuda os pobres
   b. bem-sucedido fazendo algo significante
   c. um verdadeiro devoto de Deus

12. **Eu acho que, por prazer e felicidade, as pessoas devem:**
   a. fazer caridades
   b. conseguir as básicas amenidades da vida
   c. enfatizar as realizações das pessoas

13. **Eu frequentemente desejo:**
   a. ser um realizador social popular
   b. ser um grande líder político
   c. fazer algo de grande significância

14. **As coisas ruins que nos acontecem são:**
   a. o resultado de falta de habilidade, ignorância, preguiça ou todas as três
   b. balanceadas por coisas boas
   c. inevitáveis, e devem ser aceitas como são

15. **Para fazer exercícios físicos, eu prefiro:**
   a. entrar em um clube/academia
   b. participar de um time/equipe da vizinhança
   c. fazer caminhada no meu ritmo

16. **Quando convidado para trabalhar com outros em um grupo, eu aceitaria com muito prazer:**
   a. outras pessoas que venham com boas ideias
   b. cooperar com outros
   c. tentar encontrar outras pessoas para fazer o que eu quero

17. **Se meu chefe me pedisse para assumir um projeto decadente, eu:**
   a. o assumiria
   b. não assumiria se já estivesse cheio de trabalho
   c. daria a ele uma resposta em poucos dias após levantar mais informações

18. **Para eu ser bem-sucedido, eu preciso:**
    a. dar um jeito de estar no lugar certo, na hora certa
    b. estar atento para influenciar os outros a fazerem as coisas como eu desejo
    c. trabalhar arduamente, porque não tem como lidar ou esperar pela sorte

19. **Em qualquer trabalho que assumo, eu gosto de:**
    a. fazer planos avançados
    b. fazer o meu melhor
    c. assumir total responsabilidade

20. **Eu sou mais feliz quando:**
    a. estou fazendo os outros felizes
    b. sou bem-sucedido em meu trabalho
    c. sou o centro das atenções dos outros

21. **Na escola, eu preferia escolher cursos com ênfase em:**
    a. trabalhos práticos
    b. artigos, pesquisa, leitura
    c. provas, exames, testes

22. **Ao comprar um refrigerador, eu:**
    a. escolheria uma marca conhecida e tradicional
    b. perguntaria aos meus amigos o que eles compraram
    c. compararia as vantagens de diferentes marcas

23. **Eu acho que:**
    a. o mundo é tocado por poucas pessoas com poder e não há muito que os pequenos possam fazer
    b. o cidadão mediano pode ter uma influência nas decisões do governo ou dos que detêm o poder
    c. as decisões do governo e dos que detêm o poder são baseadas apenas no que é correto para a maioria

24. **Eu preferiria:**
    a. comprar um bilhete de loteria
    b. apostar em um jogo de futebol
    c. jogar uma partida de truco

25. **Quando me encontro envolvido em situações complicadas:**
    a. procuro ajuda de outros que estão mais bem preparados para lidar com a situação
    b. me retiro da situação
    c. cuidadosamente avalio a situação e busco respostas razoáveis

26. **Meu relacionamento com os outros é reforçado quando:**
    a. as outras pessoas têm os mesmos objetivos que eu tenho
    b. eu posso influenciar os outros para alcançar meus objetivos
    c. as outras pessoas têm objetivos que não conflitem com os meus

27. **Se estou em uma viagem de negócios com horário marcado para uma reunião e meu voo atrasa, pousando em uma cidade vizinha, eu:**
    a. alugo um carro e tento chegar ao destino final
    b. aguardo o próximo voo
    c. reagendo a reunião

28. **Em relação à minha vida:**
    a. eu, às vezes, não tenho controle suficiente sobre o rumo que está tomando
    b. meus pais sempre terão controle sobre minhas principais decisões
    c. o que acontece comigo é devido a mim mesmo

29. **No passado, eu estabeleci metas que requeriam:**
    a. um tempo exorbitante e um esforço tremendo para serem atingíveis
    b. alto nível de *performance*, mas metas atingíveis
    c. um esforço mínimo para serem atingidas

30. **Eu prefiro colegas de trabalho que:**
    a. são capazes de se adaptar ou mudar
    b. lutam por aquilo que acreditam ser correto
    c. são inexpressivos e altamente susceptíveis a sugestões

31. **Ao fazer exames/testes no colégio, eu descobri que:**
    a. se os estudantes estão bem-preparados, dificilmente um teste é injusto
    b. estudar é geralmente inútil porque as questões dos exames geralmente não são relacionadas ao conteúdo do curso
    c. os exames são injustos para todos os estudantes

32. **Eu topo jogar cartas quando jogo:**
    a. com bons amigos
    b. com pessoas que me desafiam
    c. por altas apostas

33. **Supondo que eu tivesse um pequeno negócio de limpeza, quando um amigo e concorrente meu morre subitamente, eu:**
    a. garanto à sua esposa que eu nunca tentarei pegar seus clientes
    b. ofereço o suporte necessário até que a empresa de meu ex-concorrente se recupere
    c. vou até o escritório do meu ex-concorrente e faço uma proposta para comprar a empresa deles

**34. Quando trabalho em grupo, eu:**
   a. tendo a influenciar pessoalmente os resultados
   b. me sinto inibido pelos outros e faço os outros atingirem os resultados
   c. trabalho arduamente para ajudar os líderes do grupo

**35. Como membro do comitê de um novo projeto, se me deparo com uma grande falha, minha reação é:**
   a. encontrar e responsabilizar outros membros devido a sua participação no projeto
   b. assumir minha parte no problema e dar continuidade ao projeto
   c. tentar justificar as falhas com pensamentos positivos

## Pontuação – Atribua um (1) ponto para cada resposta sua que corresponda às respostas a seguir

| | | | |
|---|---|---|---|
| 1c  | 11b | 21a | 31a |
| 2c  | 12c | 22c | 32b |
| 3a  | 13c | 23b | 33c |
| 4a  | 14a | 24c | 34a |
| 5a  | 15c | 25c | 35b |
| 6c  | 16c | 26b |     |
| 7a  | 17c | 27a |     |
| 8b  | 18c | 28c |     |
| 9b  | 19b | 29b |     |
| 10a | 20b | 30a |     |

## Autoavaliação das habilidades empreendedoras

**Motivação para a realização**
Questões 2, 5, 11, 12, 13, 19, 20

| (baixo) | 1 | 2 | 3 | 4 | 5 | 6 | 7 | (alto) |

**Autocontrole**
Questões 4, 8, 14, 18, 23, 28, 31

| (externo) | 1 | 2 | 3 | 4 | 5 | 6 | 7 | (interno) |

**Propensão a assumir riscos**
Questões 7, 10, 17, 22, 24, 29, 35

| (baixo) | 1 | 2 | 3 | 4 | 5 | 6 | 7 | (alto) |

**Resolução de problemas**
Questões 3, 6, 9, 15, 21, 25, 27

| (baixo) | 1 | 2 | 3 | 4 | 5 | 6 | 7 | (alto) |

**Influenciador**
Questões 1, 16, 26, 30, 32, 33, 34

| (baixo) | 1 | 2 | 3 | 4 | 5 | 6 | 7 | (alto) |

## Explicação das categorias de autoavaliação do potencial empreendedor

**Motivação para a realização**

Desejo de fazer acontecer, de atingir alto padrão de realização/cumprimento de objetivos.

**Autocontrole (do destino)**

Sentimento de influenciar o curso dos eventos da sua vida. O destino é definido mais por algo interno à pessoa do que devido a fatores externos.

**Propensão a assumir riscos**

Tomar riscos calculados e buscar informações antes de agir. Desejo de ser responsável pelas ações.

**Resolução de problemas**

Alguém que sabe resolver problemas de forma realista e toca uma operação/negócio sem necessitar de muita ajuda dos outros.

**Influenciador**

Aquele que encontra pessoas que o ajudam a satisfazer seus próprios objetivos. Sabe convencer as pessoas a trabalharem para a realização de um objetivo estipulado por ele.

## Teste 4 – Quão criativo você é?

Selecione, para cada item, a frequência com que cada um lhe ocorre.

| A. Minha personalidade | Sempre | Frequentemente | Às vezes | Raramente | Nunca | Pontos |
|---|---|---|---|---|---|---|
| 1. Eu sinto falta de autoconfiança | | | | | | |
| 2. Eu valorizo a crítica (ato de criticar) | | | | | | |
| 3. Eu tenho medo de ser diferente dos outros | | | | | | |
| 4. Meus pais me encorajaram a ser criativo | | | | | | |
| 5. Eu fico desconfortável com a ambiguidade | | | | | | |
| 6. Eu gosto de novas faces, novos lugares | | | | | | |
| 7. Eu tenho uma forte necessidade de organização em minha vida | | | | | | |
| 8. Eu acredito que vale a pena sonhar acordado | | | | | | |
| 9. Eu não me sinto à vontade com as pessoas que mostram seus sentimentos | | | | | | |
| 10. Eu gosto de dramatizar, criar um pano de fundo para certas apresentações | | | | | | |
| 11. Eu atinjo melhores resultados quando sigo procedimentos | | | | | | |

Apêndices • **Testes de perfil e desenvolvimento de habilidades empreendedoras**

| A. Minha personalidade | Sempre | Frequentemente | Às vezes | Raramente | Nunca | Pontos |
|---|---|---|---|---|---|---|
| 12. Eu deixo meus sentimentos me guiarem | | | | | | |
| 13. Eu gosto de ser conhecido como alguém dependente | | | | | | |
| 14. Eu gosto de estar com pessoas de mente aberta, que pensam livremente, sem restrições | | | | | | |
| 15. Eu sou mais reativo que proativo | | | | | | |
| 16. Eu gosto de olhar ao longe, no horizonte, pra frente | | | | | | |
| | | | | | **TOTAL:** | |

| B. Meu estilo de resolver problemas | Sempre | Frequentemente | Às vezes | Raramente | Nunca | Pontos |
|---|---|---|---|---|---|---|
| 1. Quando encaro um problema, vou direto às conclusões | | | | | | |
| 2. Quando surge um problema, eu sou analítico e objetivo | | | | | | |
| 3. É necessário ter todos os fatos para tomar uma decisão | | | | | | |
| 4. Um sentimento interno de coragem é algo que me ajuda | | | | | | |
| 5. Eu me baseio no meu conhecimento passado de problemas similares | | | | | | |
| 6. Eu odeio trabalhar com detalhes | | | | | | |
| 7. Um trabalho concluído é o segredo do sucesso | | | | | | |
| 8. Figuras/gráficos e estatísticas me dão uma ideia parcial do problema | | | | | | |
| 9. Os problemas deveriam ser resolvidos da mesma forma | | | | | | |
| 10. Eu sou visto como alguém que resolve problemas de forma original | | | | | | |
| 11. Eu tenho dificuldade em definir os problemas | | | | | | |
| 12. Eu uso técnicas disciplinadas de resolução de problemas | | | | | | |
| 13. Eu entro em depressão se um problema parece muito difícil | | | | | | |
| 14. Quando outros não tomam uma decisão, eu tomo (se eu puder) | | | | | | |
| 15. Eu gosto de ler as instruções antes de começar algo novo | | | | | | |
| 16. Eu acho que o processo de tomada de decisão é algo criativo | | | | | | |
| | | | | | TOTAL: | |

## Apêndices • Testes de perfil e desenvolvimento de habilidades empreendedoras

| C. Meu ambiente de trabalho | Sempre | Frequentemente | Às vezes | Raramente | Nunca | Pontos |
|---|---|---|---|---|---|---|
| 1. As pessoas de minha organização pensam que o estilo delas é o melhor | | | | | | |
| 2. Onde eu trabalho, a criatividade é considerada a chave para a sobrevivência | | | | | | |
| 3. Meus limites de autoridade estão precisamente definidos | | | | | | |
| 4. Qualquer ideia interessante, de qualquer lugar, é aceita aqui | | | | | | |
| 5. O tempo para pensar de forma criativa é limitado nessa organização | | | | | | |
| 6. A competição entre os empregados/departamentos é vista como saudável | | | | | | |
| 7. Eu descreveria minha organização como tendo um ambiente confortável e cooperativo | | | | | | |
| 8. Dentro da organização, eu gosto de identificar problemas | | | | | | |
| 9. Onde eu trabalho, se eu sou criativo, eu sou um sonhador | | | | | | |
| 10. Dentro dessa organização, as pessoas têm espaço | | | | | | |
| 11. Os procedimentos organizacionais matam as ideias | | | | | | |
| 12. Eu posso conversar abertamente sobre minhas ideias sem que elas sejam roubadas | | | | | | |
| 13. Eu serei barrado de sugerir novas soluções | | | | | | |
| 14. Onde eu trabalho, boas ideias podem ser "vendidas" independentemente dos resultados esperados | | | | | | |
| 15. Novas ideias devem ser justificadas com muitas análises | | | | | | |
| 16. A inovação é encorajada dentro dessa organização | | | | | | |
| | | | | | TOTAL: | |

## Pontuação do teste de criatividade

1. Atribua pontos a cada uma de suas respostas escrevendo um número na coluna correspondente, seguindo a seguinte regra:

    - Todas as questões ÍMPARES (1, 3, 5, 7, 9 etc.) devem ser pontuadas de acordo com:

        | | |
        |---|---|
        | Nunca | = 5 pontos |
        | Raramente | = 4 pontos |
        | Às vezes | = 3 pontos |
        | Frequentemente | = 2 pontos |
        | Sempre | = 1 ponto |

    - Todas as questões PARES (2, 4, 6, 8 etc.) devem ser pontuadas de acordo com:

        | | |
        |---|---|
        | Sempre | = 5 pontos |
        | Frequentemente | = 4 pontos |
        | Às vezes | = 3 pontos |
        | Raramente | = 2 pontos |
        | Nunca | = 1 ponto |

2. Some os pontos de cada uma das três seções.
3. Faça a soma final dos pontos totais das seções (A + B + C) para descobrir seu potencial criativo.
4. Confira o significado de sua pontuação.

## Qual é o significado da pontuação obtida?

**Personalidade**

*16-37*

Você está abafando seu potencial criativo devido a algum sentimento sobre si mesmo; ficará surpreso do quanto ele será renovado se você se permitir ser criativo.

*38-59*

Você tem muito potencial dentro de si, mas características de sua personalidade estão lhe impedindo de se expressar. Você precisa trabalhar técnicas de relaxamento e se perguntar: "O que eu tenho a perder?".

*60-80*

Sua personalidade o predispõe a ser uma pessoa altamente criativa e você será um valioso recurso aos outros, dentro do processo criativo.

**Estilo de resolução de problemas**

*16-37*

Seu estilo de resolver problemas tende a ser o de "seguir regras", faltando-lhe criatividade. Pratique relaxamento, esqueça algumas "regras" e abra sua mente para novas ideias e métodos.

*38-59*

Sua abordagem de resolução de problemas é, às vezes, muito rígida e pode resultar em decisões não criativas que se baseiam demais em soluções passadas de problemas similares. Tente se soltar e descobrir seu potencial criativo.

*60-80*

Você tem um estilo aberto e criativo de resolver problemas, com muito a oferecer aos outros. Você deveria tirar vantagem de cada oportunidade que lhe aparece para criar um espírito de questionamento e aventura em torno de si.

**Seu ambiente de trabalho**

*16-37*

Seu ambiente de trabalho não encoraja o pensamento criativo. Olhe seus pontos das seções A e B. Se eles forem altos, você está certo de se sentir frustrado. O que fará a respeito?

*38-59*

Às vezes, é difícil ser criativo dentro do ambiente de trabalho. Se você tem alta pontuação para as seções A e B, então use seu potencial para mudar o ambiente. Se não, talvez você se adapte facilmente...

*60-80*

Você trabalha dentro de um ambiente ideal para uma pessoa criativa. Entretanto, se sua pontuação nas seções A e B forem baixas, você deveria estar trabalhando para desenvolver seu potencial. Ninguém vai impedi-lo de contribuir com novas ideias.

**Seu potencial criativo**

*48-111*

Você está certo de que todos têm um enorme potencial criativo, desde que tenham a chance de demonstrá-lo. Pare de sufocar seu potencial criativo ou o dos outros. Solte-se!

*112-176*

Você tem um bom potencial criativo, mas está escondido atrás de si próprio, devido ao seu estilo de resolver problemas ou devido ao seu ambiente organizacional. Então, o que está esperando para iniciar a mudança?

*177-240*

Você parece ser uma pessoa altamente criativa e com muito potencial. Continue a exercitar seu talento buscando novas formas de usá-lo: em casa, em seu *hobby* e, é claro, no trabalho.

## Teste 5 – Exercício de autopercepção

Para cada tópico, distribua dez (10) pontos entre as sentenças que você julga que melhor descrevem seu ambiente. Esses pontos podem ser distribuídos entre várias sentenças ou os dez pontos podem ser dados a uma única sentença. Depois, preencha a Tabela 1 com os pontos dados.

1. **De que forma eu acredito que posso contribuir para uma equipe?**
    a. Eu acho que posso rapidamente identificar e conseguir capitalizar sobre novas oportunidades.
    b. Eu consigo trabalhar bem com vários tipos de pessoas.
    c. Ter ideias é uma de minhas características naturais.

- **d.** Tenho habilidades em incentivar pessoas quando noto que elas têm algo de valor para contribuir com os objetivos da equipe.
- **e.** Tenho a capacidade de iniciar e concluir uma atividade, sendo eficiente nesse aspecto.
- **f.** Estou preparado para enfrentar impopularidade temporária se estiver lidando com algo que se mostrará valoroso ao final.
- **g.** Eu sou rápido para perceber algo que deve dar certo em uma situação com a qual sou familiar.
- **h.** Eu posso propor ações adequadas às alternativas de caminhos a seguir sem causar desvios de rota ou prejuízos.

2. **Se eu tiver uma possível falha em um trabalho em equipe, pode ser devido ao fato de que:**
   - **a.** Eu não sou uma pessoa fácil de lidar, a não ser que as reuniões sejam bem estruturadas, controladas e geralmente bem conduzidas.
   - **b.** Eu sou inclinado a ser bastante generoso com aqueles que têm um ponto de vista aceitável, sem que ele tenha sido apropriadamente detalhado.
   - **c.** Eu tenho uma tendência a conversar muito assim que o grupo tem novas ideias.
   - **d.** Meus objetivos particulares dificultam que eu me envolva prontamente e de forma entusiástica com meus colegas em certas atividades.
   - **e.** Eu sou visto, às vezes, como autoritário quando há algo que precisa ser feito.
   - **f.** Eu encontro dificuldades de liderar, talvez porque eu seja muito responsável por manter o ambiente dentro do grupo.
   - **g.** Eu fico desatento pensando em ideias que me vêm à cabeça e acabo por me desconcentrar sobre o que está ocorrendo no grupo.
   - **h.** Meus colegas tendem a me ver como alguém preocupado de forma desnecessária com detalhes de algo que possivelmente não dará certo.

3. **Quando envolvido em um projeto de outras pessoas:**
   - **a.** Eu tenho uma atitude de influenciar as pessoas sem pressioná-las.
   - **b.** Sou atencioso para prevenir erros, descuidos e omissões que são feitas.
   - **c.** Estou preparado para imprimir um ritmo orientado a ações e fazer com que as reuniões não sejam uma perda de tempo e que se discutam assuntos fora do foco principal.
   - **d.** O grupo pode contar comigo para contribuir com algo original.
   - **e.** Estou pronto a aceitar uma sugestão de interesse comum.
   - **f.** Eu fico entusiasmado em buscar saber sobre as mais recentes ideias, inovações e desenvolvimentos.

**g.** Eu acredito que os outros apreciam minha capacidade de fazer bons julgamentos/análises.

**h.** Eu já começo confiante de que a essência do trabalho está organizada/definida.

4. **Minha abordagem característica para trabalhos em grupo é:**

   **a.** Eu tenho muito interesse em conhecer as pessoas melhor.

   **b.** Eu não reluto em desafiar o ponto de vista dos outros ou para manter uma opinião própria que seja minoritária.

   **c.** Eu geralmente encontro argumentos que refutam proposições sem sentido.

   **d.** Eu acho que eu tenho talento em fazer as coisas acontecerem, uma vez que um plano tem que ser colocado em operação.

   **e.** Eu tenho a tendência de evitar o óbvio e surgir com algo inesperado.

   **f.** Eu dou um toque de perfeccionismo em qualquer trabalho em equipe do qual participo.

   **g.** Eu estou preparado para usar meus contatos fora do grupo.

   **h.** Embora eu esteja interessado em todas as visões, eu não hesito em tomar minha decisão assim que ela tenha de ser feita.

5. **Eu tenho satisfação em determinado trabalho porque/quando:**

   **a.** Eu gosto de analisar situações e medir todas as possíveis escolhas/soluções.

   **b.** Eu tenho interesse em encontrar soluções práticas para os problemas.

   **c.** Eu gosto de sentir que estou desenvolvendo boas relações no trabalho.

   **d.** Eu posso ter uma forte influência nas decisões.

   **e.** Eu posso conhecer pessoas que tenham algo de novo a oferecer.

   **f.** Eu posso conseguir adeptos que concordem comigo em determinados rumos a seguir para determinadas atividades.

   **g.** Eu me sinto especial quando posso dar toda a minha atenção a uma tarefa.

   **h.** Eu gosto de atividades que exercitem minha imaginação.

6. **Se de repente me fosse dada uma tarefa difícil, com tempo limitado para fazê-la, trabalhando com pessoas com as quais não estou familiarizado:**

   **a.** Eu me sentiria "jogado para escanteio" e planejaria uma ação que evitasse impasses antes de desenvolver uma linha de raciocínio.

   **b.** Eu estaria pronto para trabalhar com a pessoa que me mostrasse uma abordagem mais positiva, mesmo ela sendo uma pessoa difícil.

- c. Eu encontraria uma forma de reduzir o tamanho das tarefas, estabelecendo de que forma diferentes pessoas poderiam melhor contribuir.
- d. Meu senso natural de urgência me ajudaria a garantir que nós não comprometeríamos o cronograma.
- e. Eu acredito que eu me manteria calmo e manteria minha capacidade de pensar bem focada nos problemas a resolver.
- f. Eu me manteria firme, suportando eventuais pressões.
- g. Eu me sentiria preparado a tomar uma atitude de liderança se sentisse que o grupo não estivesse fazendo progresso.
- h. Eu estimularia uma discussão aberta para obtenção de novos pensamentos/ideias com vistas a dar ação às atividades.

7. **Em relação aos problemas aos quais estou sujeito a enfrentar em trabalhos em grupo:**
   - a. Eu mostro minha impaciência com aqueles que estão obstruindo o progresso.
   - b. Outros podem me criticar por eu ser muito analítico e não muito intuitivo.
   - c. Minha vontade de assegurar que o trabalho seja feito adequadamente pode fortalecer/ enfatizar os procedimentos.
   - d. Eu fico chateado/zangado quando alguém tenta me estimular.
   - e. Eu sinto dificuldades de iniciar algo a não ser que os objetivos e metas estejam claros.
   - f. Eu, às vezes, não sou claro ou preciso ao explicar alguns pontos complexos que me vêm à mente.
   - g. Eu tenho consciência de que devo passar aos outros aquilo que não posso fazer eu mesmo.
   - h. Eu hesito em esclarecer meus pontos quando possuem uma oposição real aos meus pensamentos.

TABELA 1   Pontos do exercício de autopercepção

Preencha a tabela com os pontos atribuídos a cada letra dos itens de 1 a 7.

| Seção / Item | a | b | c | d | e | f | g | h |
|---|---|---|---|---|---|---|---|---|
| 1 | | | | | | | | |
| 2 | | | | | | | | |
| 3 | | | | | | | | |
| 4 | | | | | | | | |
| 5 | | | | | | | | |
| 6 | | | | | | | | |
| 7 | | | | | | | | |
| Total | | | | | | | | |

Totalize os pontos de cada coluna da Tabela 1 para obter o valor total que determinará seu perfil de trabalho em equipe.

Agora, transfira os totais de cada coluna da Tabela 1 para a Tabela 2. As siglas abaixo dos totais representam os vários perfis que você assume/pode assumir. Quanto maior a pontuação, maior é a influência desse perfil em sua personalidade/maneira de agir.

TABELA 2   Perfil de trabalho em equipe

| Seção / Item | a | b | c | d | e | f | g | h |
|---|---|---|---|---|---|---|---|---|
| Total | | | | | | | | |
| | IMP | CO | FOR | CRI | INV | MO | TE | FI |

# Explicação de cada perfil – os tipos, suas preferências, forças e possíveis fraquezas

## Introdução

Meredith Belbin identificou oito tipos de perfil, citados a seguir. Um nono tipo, o especialista, também tem sido identificado – alguém que é muito envolvido e ativo em determinada área de especialização. Muitos questionários de análise de perfil de grupo ignoram esse nono perfil.

Todas as pessoas são um *mix* de todos os tipos apresentados a seguir. Algumas "fraquezas" podem ser consideradas forças para uma segunda ou terceira preferência. Pessoas que são fortes em determinada preferência/tipo gostam de fazer esses tipos de atividades mais que outras (por exemplo, um tipo formatador gosta de assumir esse papel em seu grupo), e se elas não podem fazer aquilo que querem/gostam, podem deixar o grupo e encontrar outro em que elas possam agir de acordo com suas preferências. Por outro lado, aqueles sem uma preferência forte têm um *mix* de preferências que os permitem se adaptar a muitas situações.

Todos os tipos têm suas forças, e não existe tipo certo ou errado, melhor ou pior. Pense a respeito do seu e de como você poderá usar suas características em trabalhos em grupo.

## Os tipos

### Implementador (IMP)

O implementador gosta de fazer as coisas e se envolver em tarefas práticas. Eles geralmente são "pé no chão", trabalham com afinco e também são autodisciplinados. Por outro lado, podem não atentar para todas as alternativas existentes e ser inflexíveis em suas abordagens. Têm um senso prático para as coisas, autocontrole e disciplina. Geralmente são muito leais à empresa e comprometidos em resolver seus problemas e menos preocupados com interesses pessoais. Podem não ser muito espontâneos e, às vezes, são muito rígidos. São muito úteis a uma organização porque são muito adaptáveis e aplicados. São bem-sucedidos porque são eficientes e têm noção do que é factível e relevante. Muitos executivos só fazem as tarefas que gostam/desejam e evitam aquelas que não se sentem à vontade/não gostam. O implementador, pelo contrário, frequentemente progride dentro da organização justamente por ter essa virtude de ser um sujeito com boas habilidades organizacionais e ser competente em lidar com as tarefas com as quais se depara.

## Coordenador (CO)

Sua característica singular é a habilidade que possui de fazer com que as pessoas trabalhem em direção a um mesmo objetivo. Sempre está pronto para liderar e saber gerenciar as contribuições que vêm dos demais, sem causar prejuízos. São maduros, muito confiantes e sabem delegar prontamente. Sabem se relacionar em grupo e identificar as habilidades individuais dos demais componentes, direcionando suas atividades para perseguir os objetivos do grupo. Mesmo não sendo talvez os mais capacitados/com mais conhecimento e com as melhores ideias do grupo, têm uma visão abrangente e são muito respeitados. Sabem se posicionar quando têm que comandar uma equipe composta de colegas de diversos perfis e características pessoais diferentes. Saem-se melhor quando comandando pessoas com posição/cargo igual ou similar ao seu do que subordinados menos experientes. Seu lema poderia ser "consultar/ouvir, mantendo o controle" e geralmente acreditam em lidar com os problemas calmamente. Em algumas organizações eles podem se confrontar com os formatadores, devido ao contraste entre seus estilos gerenciais.

## Formatador (FOR)

Os formatadores são altamente motivados, com muita energia e necessidade de realização. Eles desafiam a inércia, a complacência e a decepção, trazendo energia e ação para o grupo. Frequentemente são agressivos e extrovertidos e possuem muita habilidade de direção. Eles gostam de desafiar os outros e seu interesse é vencer. Eles gostam de liderar e levar os outros a agirem. Se surgirem obstáculos, eles encontrarão uma maneira de contorná-los. Muito sólidos e assertivos, mostram forte resposta emocional a qualquer forma de desapontamento ou frustração. São pensadores solitários, frequentemente argumentativos e nem sempre consideram os sentimentos dos outros. São os mais competitivos dentro de um grupo. Geralmente são bons gerentes porque são voltados à ação e trabalham bem sob pressão. São excelentes em aquecer o ânimo da equipe e muito úteis em grupos em que complicações políticas podem desacelerar as ações. Como o nome diz, eles tentam impor algumas formas ou padrões nas discussões e atividades em grupo. Eles são provavelmente os mais efetivos membros de um grupo, que buscam garantir ações positivas.

## Criativo (CRI)

Como o nome diz, é a pessoa das ideias. É individualista, não ortodoxo e trará imaginação e criatividade ao grupo. São inovadores e muito criativos. Proverão as sementes e ideias que darão início aos desenvolvimentos. Normalmente preferem trabalhar sozinhos e com certa distância dos membros da equipe, usando sua imaginação e trabalhando de forma "fora dos padrões". Tendem a serem introvertidos e reagem fortemente às críticas. Suas ideias podem ser radicais e sem senso prático. São independentes, inteligentes e originais, porém podem ser fracos na comunicação com outras pessoas de perfis diferentes. Um de seus defeitos/fraquezas é que, geralmente, não sabem distinguir boas ideias de ideias ruins. São mais úteis em gerar novas propostas e em resolver problemas complexos. São necessários em estágios iniciais de um projeto ou quando um projeto não está progredindo. Deixam sua marca por terem sido responsáveis pela criação/identificação de novos produtos e mercados. Muito criativos em uma mesma organização ou setor organizacional podem ser contraproducentes, já que tendem a gastar seu tempo em reforçar suas próprias ideias e combater outras.

## Investigador de recursos (INV)

É a pessoa que vai para fora do grupo em busca de ajuda para as tarefas do grupo. Gostam de novidades e estão prontos para assumir desafios. São entusiásticos e extrovertidos. São bons comunicadores com pessoas de dentro e de fora do grupo/empresa/setor. São negociadores natos e gostam de explorar novas oportunidades e contatos. Embora não sejam muito bons em ter novas ideias, são muito efetivos em saber desenvolver as ideias dos outros. São muito habilidosos em determinar os recursos disponíveis e o que pode ser feito a partir deles. São muito bem recebidos pelo grupo devido à sua empatia natural. São relaxados, questionadores e estão prontos para ver possibilidades em tudo que é novo. Entretanto, se não forem estimulados pelos outros, seu entusiasmo rapidamente diminui. São bons para relatar como as ideias surgiram e definir os desenvolvimentos a serem feitos fora do grupo. São as melhores pessoas para se fazer a ponte fora do grupo e as negociações necessárias, bem como para obter informações.

## Monitorador/avaliador (MO)

É o que observa e registra todos os passos/progressos do grupo. São sérios, prudentes e são "imunes" ao entusiasmo. Não tomam decisões rápidas, preferem pensar bastante primeiro. Têm uma habilidade considerável de pensar criticamente. Julgam as coisas levando todos os fatores em consideração. São bons em analisar problemas, avaliar ideias e sugestões. São muito bons em pesar os prós e os contras das opções. Para muitos observadores externos, eles podem parecer ásperos, chatos e demasiadamente críticos. Podem ser difíceis de serem motivados e de inspirar os outros, pois naturalmente permanecem na retaguarda como observadores. Algumas pessoas ficam surpresas pelo fato de se tornarem gerentes, porém muitos deles ocupam posições estratégicas e crescem nas organizações. Para eles, a pessoa só não está errada se suas premissas prevalecerem/se mostrarem as mais corretas ao final.

### Trabalhador em equipe (TE)

É a pessoa que se oferece para trabalhar pelo grupo. São os membros que mais dão suporte a um grupo. São sociáveis e preocupam-se com os demais. São flexíveis e adaptáveis a diferentes situações e pessoas. Percebem as coisas e são diplomáticos. São bons ouvintes e geralmente membros populares de um grupo. São sensíveis no trabalho, mas podem ficar indecisos em situações críticas. Seu papel é o de prevenir problemas de relacionamento no grupo, fazendo com que os membros da equipe continuem trabalhando de forma eficiente. Como não gostam de atritos, rodeiam bastante certas situações para evitá-los. Não é incomum que se encontrem vários gerentes seniores com esse perfil, especialmente se os gerentes médios forem do tipo formatadores. Isso cria um clima no qual a diplomacia e a habilidade de percepção do TE se tornam um ativo real, especialmente em um regime gerencial no qual os conflitos estão sujeitos a acontecer ou serem artificialmente suprimidos. As pessoas cooperam mais quando eles estão à sua volta.

### Finalizador (FI)

São os que finalizam bem qualquer tarefa, colocam os pontos nos "i"s. São muito detalhistas e não gostam de começar algo que não possam concluir. São motivados por uma ansiedade interna, apesar de externamente parecerem calmos. Geralmente são introvertidos e não precisam de muito estímulo ou incentivo externo. Podem ser intolerantes com algumas pessoas sem disposição. Não gostam muito de delegar e preferem desenvolver as tarefas eles mesmos. Seu defeito é a tendência a serem muito ansiosos, detalhistas e perfeccionistas. Por outro lado, sua contribuição é enorme quando uma tarefa precisa de concentração e alto grau de precisão para ser feita. Eles sempre imprimem um senso de urgência dento de um grupo e são bons em lidar com os cronogramas das reuniões. Ao gerenciar, eles podem ser excelentes devido ao alto padrão que desejam, à sua precisão e atenção aos detalhes de certas atividades.

## Referências que serviram de base para os testes anteriores

1. TIMMONS, J. A. *New Venture Creation*. 4. ed. Boston: Irwin McGraw-Hill, 1994. (testes 1 e 2)

2. KING, A. S. *Centre for Enterprise/Discovering Entrepreneurship*, 2000 (1985). (testes 3, 4 e 5)

# Notas

## Capítulo 2

1. Pesquisas anuais do Global Entrepreneurship Monitor. Os relatórios podem ser obtidos no *site*: www.gemconsortium.org. Acesso em: 20 maio 2022.

## Capítulo 3

1. Como discutido no artigo: KOTTER, J. P. What leaders really do. *Harvard Business Review*, 05/90-06/90, 1990.
2. Baseado no livro: MCGRATH, R.; MACMILAN, I. *The entrepreneurial mindset*. Boston: Harvard Business School Press, 2000.
3. COHEN, A. R. Mainstreaming corporate entrepreneurship: leardership at every level of organizations. *Babson Entrepreneurial Review*: special issue on corporate entrepreneurship. Wellesley: Babson College, 2002.
4. LEIFER, R. *et al. Radical innovation.* Boston: Harvard Business School Press, 2000.
5. CHRISTENSEN, C. M. *The innovator's dilemma.* New York: Harper Business Essentials, 2002.

## Capítulo 4

1.  DRUCKER, P. F. *Innovation and entrepreneurship.* New York: Harper Business, 1985.

    DRUCKER, P. F. *Inovação e espírito empreendedor.* São Paulo: Pioneira Thomson, 2003.
2.  Idem.
3.  Idem.
4.  DORNELAS, J. C. A. *Empreendedorismo, transformando ideias em negócios.* 9. ed. São Paulo: Empreende, 2023.
5.  BABSON INTERACTIVE. *Corporate entrepreneurship.* Wellesley: Babson College and Nomura Research Institute, 2002.
6.  Idem.
7.  CHRISTENSEN, C. M. *The innovator's dilemma.* New York: Harper Business Essentials, 2002.
8.  Idem.
9.  Idem.

## Capítulo 5

1.  STEVENSON, H. H. *et al. New business ventures and the entrepreneur.* Boston: Irwin, 1993.
2.  MORRIS, M.; KURATKO, D. F. *Corporate entrepreneurship.* Orlando: Harcourt College Publishers, 2002.
3.  TIMMONS, J. A. *New venture creation.* 4. ed. Boston: Irwin McGraw-Hill, 1994.
4.  PINCHOT, G. *Intrapreneuring.* New York: Harper & Row Publishers, 1985.
5.  Adaptado de: MORRIS, M. H. *Entrepreneurial intensity.* Westport: Quorum Books, 1998.
6.  SHARMA, P.; CHRISMAN, J. Toward a reconciliation of the definitional issues in the field of corporate entrepreneurship. *Entrepreneurship Theory and Practice* (Spring), 1999.

7. TIMMONS, J. A.; SPINELLI, S. *New venture creation*. 6. ed. Boston: McGraw-Hill/Irwin, 2003.

8. TIMMONS, J. A.; SPINELLI, S. *New venture creation*. 4. ed. Boston: Irwin McGraw-Hill, 1994.

9. Adaptado de: DORNELAS, J. C. A. *Empreendedorismo, transformando ideias em negócios*. 9. ed. São Paulo: Atlas/Empreende, 2023.

10. Adaptado de: COVIN, J. G.; SLEVIN, D. P. A conceptual model of entrepreneurship as firm behavior. *Entrepreneurship Theory and Practice*, v. 16, n. 1, p. 7-26, 1991.

11. Idem.

12. Como sugerido por: VENKATRAMAN, N. Strategic orientation of business enterprise: the construct, dimensionality and measurement. *Management Science*, v. 35, p. 942-962, ago. 1989.

13. Como discutido no Capítulo 3, por: MORRIS, M.; KURATKO, D. F. *Corporate entrepreneurship*. Orlando: Harcourt College Publishers, 2002. p. 46-50.

14. Idem.

15. Idem.

16. Adaptado do Capítulo 4, de: MORRIS, M.; KURATKO, D. F. *Corporate entrepreneurship*. Orlando: Harcourt College Publishers, 2002. p. 61.

# Capítulo 6

1. DORNELAS, J. C. A. *Empreendedorismo, transformando ideias em negócios*. 9. ed. São Paulo: Atlas/Empreende, 2023.

2. Para saber mais a respeito dos vários tipos de empreendedores, suas classificações e perfis, aconselha-se a leitura do livro *Empreendedorismo na Prática*, de José Dornelas, editado pela Atlas/Empreende. Informações disponíveis em: www.josedornelas.com.br.

3. HAMPTON, D. R. O trabalho do administrador. In: *Administração contemporânea*. São Paulo: Makron Books, 1991. p. 10-37.

4. STEWART, R. A model for understanding managerial jobs and behavior. *Academy of Management Review*, v. 7, n. 1, p. 7-13, 1982.

5. KOTTER, J. P. What effective general managers really do. *Harvard Business Review*, v. 60, n. 6, p. 156-167, nov.-dez. 1982.

6. MINTZBERG, H. Trabalho do executivo: o folclore e o fato. In: *Coleção Harvard de Administração*. São Paulo: Nova Cultural, 1986. n. 3. p. 5-57.

7. Adaptado e baseado em: PINCHOT, G. *Intrapreneuring*. New York: Harper & Row Publishers, 1985.

8. MINER, J. B. *The four routes to entrepreneurial success*. San Francisco: Berrett-Koehler, 1996.

9. MORRIS, M.; KURATKO, D. F. *Corporate entrepreneurship*. Orlando: Harcourt College Publishers, 2002.

10. Adaptado e baseado em: PINCHOT III, G.; PELLMAN, R. *Intrapreneurial in action*. San Francisco: Berrett-Koehler, 1999.

11. Baseado em: MILLER, W. C. *Flash of brilliance*. Perseus Books, 1999.

12. Baseado em: VON OECH, R. *A whack on the side of the head*. New York: Warner Books, 1998.

13. Comentários sobre o teste de criatividade: esse teste serve para mostrar como as pessoas são condicionadas pelo meio em que vivem a sempre pensar e agir da mesma forma, numa certa inércia intelectual e criativa. Isso não significa que sejam pessoas sem talento, sem criatividade ou que não possam ser empreendedores de sucesso. Apenas mostra o quanto precisam ser despertadas para as oportunidades, não se deixando levar pela rotina. Pois bem, quantas pessoas colocaram o ponto no centro do círculo? Quantas pessoas fizeram a reta cortando o círculo em duas partes iguais e passando pelo ponto? Quantas pessoas escolheram as flores rosa, margarida ou violeta? Quantas fizeram as três coisas? Com certeza, uma grande parte dos que fizeram o teste respondeu sim a pelo menos uma das questões anteriores. Qual a sua conclusão a respeito? Por que isso ocorreu?

14. PINCHOT, G. *Intrapreneuring*. New York: Harper & Row Publishers, 1985.

# Capítulo 7

1. Baseado em: DORNELAS, J. C. A. *Empreendedorismo, transformando ideias em negócios*. 9. ed. São Paulo: Atlas/Empreende, 2023.

2. BABSON INTERACTIVE. *Corporate entrepreneurship*. Wellesley: Babson College and Nomura Research Institute, 2002-2008.

## Capítulo 8

1. BANGS, D. H. *The business planning guide*. Chicago: Upstart Publishing Company, 1998.
2. Adaptado de: PAVANI, C.; DEUTSCHER, J. A.; LÓPEX, S. M. *Plano de negócios*: planejando o sucesso de seu empreendimento. Rio de Janeiro: Lexikon, 1997.
3. BABSON INTERACTIVE. *Corporate entrepreneurship*. Wellesley: Babson College and Nomura Research Institute, 2002-2008.
4. Como apresentado, em janeiro de 2002, no *workshop Nuts and Bolts of Business Plans*, proferido pelo Prof. Joe Hadzima do Massachusetts Institute of Technology (MIT), Cambridge, MA.
5. Como apresentado na aula do Prof. Andrew Zacharakis: *EIT – Entrepreneurship Intensity Tracking*, no curso de MBA 2001/2002 do Babson College. Wellesley, MA.
6. JIAN TOOLS FOR SALES. *Handbook of business planning:* BizPlan Buider Interactive. Mountain View, CA: Jian Tools for Sales, 1997.
7. Como apresentado, em janeiro de 2002, no *workshop Nuts and Bolts of Business Plans*, proferido pelo Prof. Joe Hadzima do Massachusetts Institute of Technology (MIT), Cambridge, MA.
8. Baseado em: APPLEGATE, L. M. *Developing an elevator pitch for a project*. Boston: Harvard School Publishing, 2002.
9. KAPLAN, R. S.; NORTON, D. P. Using the balanced scorecard as a strategic management system. *Harvard Business Review*, jan.-fev. 1996.
10. DORNELAS, J. C. A. *Plano de negócios, seu guia definitivo*. 3. ed. São Paulo: Atlas/Empreende, 2023.

## Capítulo 9

1. Adaptado e com base no Capítulo 7 do livro de: MORRIS, M.; KURATKO, D. F. *Corporate entrepreneurship*. Orlando: Harcourt College Publishers, 2002.

2. Adaptado de: COOPER, A. C.; MARKMAN, G. D.; NISS, G. The evolution of the field of entrepreneurship. In: *Entrepreneurship as strategy*. Thousand Oaks: Sage Publishers, 2000.

3. Com base no Capítulo 8 do livro de: MORRIS, M.; KURATKO, D. F. *Corporate entrepreneurship*. Orlando: Harcourt College Publishers, 2002.

4. Adaptado de: MORRIS, M. H. *Entrepreneurial intensity*. Westport: Quorum Books, 1998.

## Apêndices

1. TIMMONS, J. A. *New venture creation*. 4. ed. Boston: Irwin McGraw-Hill, 1994. (testes 1 e 2)

2. KING, A. S. *Centre for enterprise/discovering entrepreneurship*, 2000 (1985). (testes 3, 4 e 5)

# Índice alfabético

**A**
Administrador, 2, 3, 17, 59-62, 68
Análise econômica, 84-86, 101

**B**
*Balanced scorecard*, 110

**C**
*Champion*, 72
Christensen, 25, 27, 32, 33, 40
*Corporate venturing*, 38-41
Criatividade, 64, 74-77, 86, 94, 120

**D**
Desenvolvimento econômico, 4, 6-8
Domínio
    administrativo, 65
    empreendedor, 65
Drucker, 17, 18, 21

**E**
*Elevator speech*, 92, 106-109
Empreendedor(es)
    clássico, 70
    comportamento, 1, 9, 11, 13, 68
    líder, 82, 84, 86, 109
    mitos sobre, 73
    teste de perfil, 122-151
Empreendedora
    cultura, 8-10, 14, 120
    gestão, 8, 21
    organização, 119-121
Empreendedorismo
    corporativo, 1-3, 22, 34, 35, 37, 78, 82, 84, 94, 98, 100, 113-120, 122
    de *startup*, 2, 35, 42, 52-53, 59, 60, 62, 66-69, 93
    dez mandamentos do, 78
    grau de, 45, 46, 47-50
    perspectivas para a natureza, 36, 37
    processo do, 42, 43, 46
    suporte ao, 112-117
Equipe gerencial, 85, 87, 100, 101
Estratégias
    empreendedoras, 114, 115
    tradicionais, 114, 115

**F**
*First mover*, 28
Fontes de oportunidades inovadoras, 19
*Framework*, 25, 26, 32, 33, 40

## G
Gerente, 71, 82, 96, 99, 109

## H
Habilidades
　empreendedoras, 122
　gerenciais, 17, 52, 71

## I
Ideias derivadas, 23
Iniciador, 72
Inovação(ões), 1, 4-9, 12-14, 16-35, 37-45, 47, 49-50, 54, 55, 59, 71, 75, 76, 78, 112, 120
　avançadas, 24
　incremental(is), 1, 26, 28, 32, 33, 39, 47, 51, 80, 115
　possibilidades de, 25
　radical(is), 1, 13, 28, 33, 39, 47, 49, 55, 81, 115
　sistemática, 17, 18
　tipos de, 1, 22, 47
Intensidade empreendedora, 45, 50-51, 120
Intraempreendedorismo, 35
*Intrapreneurship*, 37-40

## L
Liderança, 1, 5, 41, 64, 85

## M
Mercado, 80-84, 86, 87, 89, 91, 93, 94, 99, 100, 101, 108, 110, 114, 117
　análise de, 100, 101, 105
　pesquisas de, 100
Modelo de Timmons, 92-93

## N
Nova plataforma, 24, 39

## O
Oportunidades de negócios, 36, 59, 80-91
　avaliação de, 90, 92, 115

## P
Plano de negócios, 2, 42, 83, 87, 90, 94-111
　completo, 103, 106, 107
　estrutura do, 97-103
　modelo interativo de, 111
　objetivos de um, 96
　operacional, 104
　resumido, 103
*Players*, 4, 5, 84, 89
Processos organizacionais, 19, 27, 31

## R
Recursos, 36, 61, 62, 64, 65, 66, 75, 78, 82, 83, 87, 91, 95, 96, 98, 104, 107, 109, 115, 116

## S
Sintoma de mudança, 19
*Spin-off*, 32, 40
*Sponsor*, 72, 108-109

## V
Valores organizacionais, 27-28, 112
Vantagens competitivas, 83, 85, 86

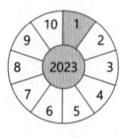